子どもと家族への心理的支援

日本家族心理学会＝編集

金子書房

家族心理学年報 41
Annual Progress of Family Psychology Volume 41 issued by Japanese Association of Family Psychology

■〔年報編集事務局〕
一般社団法人日本家族心理学会
●住所　〒113-0033　東京都文京区本郷2-40-7　ＹＧビル５階

ANNUAL PROGRESS OF FAMILY PSYCHOLOGY
[Official Publication by the Japanese Association of Family Psychology]
Volume 41, 2023
PSYCHOLOGICAL SUPPORT FOR CHILDREN
AND FAMILIES

Japanese association of family psychology
Y G Building 5F, 2-40-7 Hongo, Bunkyo-ku, Tokyo
113-0033 JAPAN

はしがき

この度の年報のテーマは，「子どもと家族への心理的支援」である。子どもと家族をめぐる心理的諸問題については，特に母子関係を中心に取り上げられることが多かった時代を含め，古くから多くの人々の間で関心が向けられてきた。子どもとその家族を取り巻く環境や，現実に直面している心理社会的状況（危機）への理解，さらにはその心理的支援にあたっては，時代や文化を越えて共通するであろう普遍的な側面の追求だけでは不十分であり，社会変動がもたらす影響や今後の方向性についても注意深く見つめる必要がある。

社会変動は，個人の生き方や家族のあり方に揺らぎを生じさせ，もはや画一的なイメージではとらえきれなくなってきている。家族の多様化がいわれて久しい今日，改めて従来私たちが考えてきた“普通の家族”や“当たり前の家族”とは何だったのか，そして今求められる家族への理解や支援とはどのようなものなのかが問われているのではないだろうか。

そうした中，2023年４月１日に「こども家庭庁」が創設された。同庁は，国の子ども政策の司令塔的立場として位置づけられている。ここでの“こども”は，18歳までの者を念頭とされているが，「こども家庭庁」による具体的な役割（政策分野）は，以下のようなことが挙げられている。

1．こどもの視点に立った司令塔機能の発揮，こども基本法の着実な施行
2．こどもが健やかで安全・安心に成長できる環境の提供
3．結婚・妊娠・出産・子育てに夢や希望を感じられる社会の実現，少子化の克服
4．成育環境にかかわらず誰一人取り残すことなく健やかな成長を保障

こども家庭庁の設置の意義をめぐっては，長きにわたり続いたコロナ

禍による子ども達への影響が懸念される状況も相まって，国民の多くが注目するところである。また，近年急速にクローズアップされるようになったSDGsの視点からも，家庭内でのジェンダーをめぐる問題に関心が注がれている。

そうしたタイミングの中で，本書は出版された。テーマそのものは，目新しいものではないかもしれないが，目次からもわかるように，現代社会における家族の多様性に着目した構成となっている。トピックは，離婚・再婚，里親，ヤングケアラー，児童養護施設等々多岐に及び，各トピックに関連の深い研究者や実践家が執筆している。特にこれまで社会的マイノリティとして，話題の中心になりにくかった環境にある子どもとその家族に焦点を当てている点が特徴的といえる。また，専門家のみならず，当事者を含む一般の人々に向けても，現在求められる理解や支援をめぐる課題について，できるだけ有益な情報が提供できるよう配慮されている。

私たちは，自分が生まれ育った家族や自分の手で作り上げてきた家族の経験から，専門家か否かを問わず，望ましい家族像について論じることは容易いかもしれない。そうした個々の家族論（とくにマジョリティ）が，自身の家族のみならず，社会での家族のイデオロギーや社会政策に影響を及ぼしている可能性を真摯に受けとめる必要があるように思われる。本書を通して，改めて個々の家族のとらえ方を振り返ったり，家庭で話し合ったりする際の一助となれば幸いである。

2023年 8 月

宇都宮　博

子どもと家族への心理的支援

I

子どもと家族への心理的支援

子どもと家族への心理支援をめぐる社会的状況の動向

野村武司

はじめに

2023年4月1日，こども基本法，こども家庭庁設置法，こども家庭庁設置法の施行に伴う関係法律の整備に関する法律（以下「整備法」という）が施行された（これら3法により整備された法制度を「子ども基本法制」と呼ぶこととする）。日本は，国連・子どもの権利委員会の5回にわたる政府報告の審査（第4回と第5回は合併審査）において，子ども基本法制に関連して，①子どもの権利に関する包括的な法律の制定（パラ7），②条約が対象とする全ての分野を包含する包括的な子ども政策の策定（パラ8），③部門横断的ならびに国，自治体レベルで行われている子ども施策を調整・評価・監視する機関（パラ9），④子どもからの苦情に開かれ，調査し，子どもの権利を監視する独立した機関の設置（パラ12(a)）が，それぞれ，ほぼ一貫して勧告されてきた（括弧内のパラの表示は第4・5回の総括所見[1]のパラグラフ）。今回の法整備は，①～③に一応応えるものとなっており，④を残しているという意味では未完成ではあるが，子どもの権利保障という点で大事な一歩を踏み出したと評価することができる。

1　子ども基本法制の立法事実ということ

さて，おおよそ法律が新たに制定されるという場合，法律制定の基礎となる社会的・経済的事実が必要であり，こうした新たな立法を支える事実のことを「立法事実」と呼んでいる。子ども基本法制の立法事実の一つは，上記の条約批准国の責務にかかる国際的認識や動向にあるが，同時に，子ども基本法制制定の背景として，近時，生じている子どもの問題または諸課題について整理しておく必要がある。わが国の場合，子どもが置かれている状況をトータルで，定点観測的に根拠づけるデータはなく，実はそのこと自体も問題にされている。そうした中で，すでに指摘されているいくつかを取り上げてみることとする[2]。

子ども自身が抱えている問題

まず，ユニセフが示す子どもの精神的幸福度の問題がある[3]。一定の指標の下，子どもの幸福度を分析したもので，日本の子どもの幸福度は総合で38か国中20位に位置するが，精神的幸福度だけを取り上げてみると，37位とほぼ最下位に位置しており，15歳から19歳の自殺率の高さも指摘されている。身体的健康では，医療・保健制度の充実から死亡率がとても低いなど身体的健康全体では１位であることと著しい対照をなしている[4]。また，スキルという項目があり，数学・読解力分野の学力も高い反面（５位），社会的スキルが低いこと（37位）が反映して，スキル全体では27位とされており，学力が社会的スキルに結びついていない現状も見られる。

子ども自身をめぐる問題としては，ユニセフも指摘しているように，子どもの自殺の問題は深刻であり，国連・子どもの権利委員会でも繰り返し指摘されている。警察庁自殺統計原票データに基づいて厚生労働省が作成した資料によれば，全体として自殺率が減少する中，10～19歳が2016（平成29）年以降増加傾向にあり，減少傾向にあった20～29歳において，2019（令和元）年以降著しく増加している様子が窺える。自殺者のうち数としては男性が多いが，2019（令和元）年以降女性の自殺者数が増えているのも特徴である。東京都地域自殺対策推進センターのまとめでは，中高生ともに女子の自殺者数が増えていることも指摘されている。

家庭と子どもをめぐる問題

家庭における子どもの問題についても多くの指摘がある。毎年，厚生労働省より発表されてきた「児童相談所での児童虐待相談対応件数」は，右肩上がりで増加しており，いろいろな要因が指摘されつつも，一度も減少に転じたことはなく，2022（令和３）年度は，速報値で，207,659件で，前年を依然上回っている。「2020年度には一時保護が２万7,390件，施設入所が4,348件あり[5]，77人の子どもが虐待で命を落としている[6]」。[7]

相対的貧困で表される子どもの貧困について，OECD の Family Database[8]によると，17歳以下の貧困率は，OECD 加盟国中，中位に位置するが，ひとり親家庭の貧困率は，ワースト２位に位置する。また，内閣府子ども・子育て本部「令和２年度少子化社会に関する国際意識調査報告書」[9]（2021（令和３）年）によると「子供を産み育てやすい国だと思うか」の問についての４か国比較で，日本は，「とてもそう思う」「どちらかといえばそう思う」という肯定的回答で38.2％にとどまっており，フランス，ドイツ，スウェーデンのいずれもが70％を越えているのと対照をなしている[10]。なお，これと必ずしも同列で比較はできないが，生後０か月～１歳６か月の子どものいる母親を対象にしたベネッセの「たまひよ妊娠・出産白書2022」[11]では，「産み育てやすい社会だと思わない理由」として，「経済的・金銭的な負担が大きい」（84.2％），「職場の理解や支援が不足している」（70.5％），「保育園など預け先の整備が不十分だ」（67.2％），「社会の理解や支援が不足している」（66.7％）が高位に位置づいている。また，若者の貧困の問題ともいえるが，社会的養護を離れたケア・リーバーと若者の自立支援の問題もある。

近年，ヤングケアラーの問題も指摘されている。本来，監護・養育されなければいけない子どもが，家庭を支えざるを得ない状況にあるという問題である。三菱UFJリサーチ＆コンサルティング株式会社「ヤングケアラーの実態に関する調査研究報告書」[12]（2021（令和３）年）によると，「世話をしている家族の有無」について，調査数のうち，中学２年生では5.7%，全日制高校２年生では4.1%，定時制高校２年生相当では8.5%，通信制高校生では11.0%が「いる」と回答し，世話を必要とする家族について，きょうだいが最も多く，次いで父母となっている。家族の世話のために，「やりたいけれどできていないこと」については，いずれの年代においても，「自分の時間が取れない」が最も多く，次いで，「宿題をする時間や勉強する時間が取れない」，「友人と遊ぶことができない」，「睡眠が十分に取れない」と続いている。また，高校生世代になると，次に，「進路の変更を考えざるを得ない，もしくは進路を変更した」と自分の希望が叶えられなくなる実態も垣間見られる。

学校と子どもをめぐる問題

学校をめぐっての子どもの問題としては，いじめの問題を挙げることができる。毎年，文部科学省が「児童生徒の問題行動・不登校等生徒指導上の諸課題に関する調査」を行っており，いじめの発生件数等が報告されている。いじめの定義の変遷があり，統計的に断絶はあるが，コロナ禍の2020（令和２）年に，いったん減少するが，基本的に発生件数は増加の一途をたどっている。これに比例して，生命心身財産重大事態（いじめ防止対策推進法第28条第１項第１号に規定されていることから「１号重大事態」ともいう），不登校重大事態（同様の意味で「２号重大事態」ともいう）も増加し，いじめ重大事態第三者調査委員会の設置も増えてきている。

次に，２号重大事態とも関連するが，不登校の問題を挙げることができる。上記文部科学省の調査によれば，不登校も年々増加し，2021（令和３）年には，24万人を越えている。ただし，ここには，保健室等の別室登校等は欠席扱いとはならないため，実態を表していないとの指摘がある。日本財団の「不登校傾向にある子どもの実態調査」[13]（2018年）によれば，2017（平成29）年度統計で，文部科学省が不登校を108,999

人としているのに対して，登校できていない不登校傾向の中学生は33万人にいるとの報告がなされている。不登校自体ネガティブに捉えることについては議論のあるところであるが，「文科省が行った令和２年不登校児童生徒の実態調査[14]では，最初に学校に行きづらいと感じ始めたきっかけのうち，小学生の１位と中学生の３位は『先生のこと』，中学生の２位が『勉強がわからない』となっている。教育を受ける権利を保障する場であるはずの学校で，勉強についていけない子どもたちがいること，教師との関係で学校が安心して勉強できる環境となっていないことが推察される」[15]との指摘もなされている。

なお，筆者の感覚的印象であるが，いじめにせよ，不登校にせよ，発達に課題のある子どもが大きく影響を受けている印象がある。少子化といわれる中，いわば人工的に競争環境が作られる傾向にあり，また，インクルーシブな文化やシステムを持ち得ていないこととも相まって，子どもが関係する社会の許容度が下がり，発達に課題を持つ子どもが生きづらくなり，また負担をおっている様子が垣間見られる。

政府が考える立法事実

内閣提出にかかるこども家庭庁設置法及び整備法の国会審議に際して，衆議院調査局内閣調査室が作成した資料が公表され，法律案提出の背景としての立法事実がまとめられている[16]。その中で，立法事実の各論として上記の問題について，確かに指摘されているところであるが，「こどもと家庭をめぐる現状」に関して，「少子化」に強い問題意識を持っていることがわかる。出生数と合計特殊出生数の減少と低水準での推移が示され，（少子化に影響を与えた，または少子化対策としての）幼児教育・保育施設と待機児童の問題が挙げられている[17]。

その上で，これに対する施策として，①少子化社会対策基本法に基づく４次にわたる少子化社会対策大綱，次世代育成支援対策推進法に基づく行動計画が紹介され，具体的な制度として，②児童手当の拡充，幼児教育・保育施設等に関する制度，地域子ども・子育て支援事業等の子ども・子育て支援新制度，③新子育て安心プランによる待機児童対策，④

児童館，放課後児童健全育成事業（放課後児童クラブ）を内容とする児童健全育成施策が示される一方で，これらに対応する国の組織として，それぞれ，施策に応じて，内閣官房（犯罪から子供を守るための対策に関する関係省庁連絡会議），内閣府（少子化対策，子ども・子育て支援法に基づく給付等の実施を所掌する子ども・子育て本部，子供の貧困対策に係る子供の貧困対策会議，子供・若者育成支援に係る子ども・若者育成支援推進本部），厚生労働省（児童虐待防止対策に関する関係府省庁連絡会議），文部科学省，国家公安委員会・警察庁（児童の性的搾取等に係る対策に関する関係府省庁連絡会議），消費者庁（子供の事故防止に関する関係府省庁連絡会議）が所管するとし，いわゆる「縦割り」の現状が指摘される形をとっている。

立法事実をどのように捉えるかは，その後の法律の運用に大きな影響を与える。国会論議に際して提出された資料のこうした指摘は，こども施策の「司令塔」としてのこども家庭庁を基礎づけるものとなっているが，他方で，現在の国会論戦において，子どもの権利保障ではなく，異次元であるかどうかは別にして，少子化対策に議論が収斂しているのもこうした立法事実の捉え方にあったものと見ることができる。

2　子ども基本法制は何を目指しているのか

そうであるとはいえ，法律は，それがいったん制定されると，規範としてその後の社会のあり方を方向付ける役割も担っている。こども家庭庁設置法が，いわゆる組織法として行政組織を定めるのに対して，こども基本法は，こども家庭庁をはじめとして政府が行うこども施策を実施する際の基本的なあり方を定める法律である。そうした観点から，こども基本法について瞥見しておきたい。

こども施策が大事である

こども基本法は，「こども施策に関し，基本理念を定め，……こども施策の基本となる事項を定めるとともに，……こども施策を総合的に推進することを目的」としている（第１条)。「こども基本法の概要」にあるこどもの「権利擁護が図られ，将来にわたって幸福な生活を送ることができる社会」を実現するためには，「こども施策」をキーワードとして，社会全体としてこれに取り組むことが重要であるとの考えに基づいている。

そして，子どもに関わる者の責務として，国は，「基本理念（中略）にのっとり，こども施策を総合的に策定し，実施する責務を有する」（第４条）とし，自治体は，「基本理念にのっとり，こども施策に関し，国及び他の地方公共団体との連携を図りつつ，その区域内におけるこどもの状況に応じた施策を策定し，及び実施する責務を有する」（第５条）とし，事業主は，「基本理念にのっとり（中略）雇用環境の整備に努める」（第６条）とし，さらに，国民は，「基本理念にのっとり，こども施策について関心と理解を深めるとともに（中略）協力に努める」（第７条）としている。

ここでいう「こども施策」については，「こどもに関する施策及びこれと一体的に講ずべき施策」（第２条第２項）とした上で，例示として，①新生児期，乳幼児期，学童期及び思春期の各段階を経て，おとなになるまでの心身の発達の過程を通じて切れ目なく行われるこどもの健やかな成長に対する支援（同第１号)，②子育てに伴う喜びを実感できる社会の実現に資するため，就労，結婚，妊娠，出産，育児等の各段階に応じて行われる支援（同第２号)，③家庭における養育環境その他のこどもの養育環境の整備（同第３号）が挙げられている。

ここで留意しておきたいのは，この規定による限り，第１号（①）において，学校教育もまたこども施策に含まれると見るのが正しい。学校教育のほとんどの部分について，こども家庭庁の所掌からはずされたことが議論を呼んでいるが，少なくともこの第１号の規定による限り，こども施策から，学校教育が外れていると見ることはできない。学校教育がこども家庭庁の所掌から外れたことで，教育現場に，子ども基本法制の影響はないものと理解されている節があるが，こども基本法は，学校教育をこども施策として含んでおり，学校教育もまた，他のこども施策と同様，基本理念の下に置かれることは明らかである。

基本理念が大事である

さて，ここで大切なことは，こども施策が従うべき基本理念である。こども基本法は，上記の通り，こども施策に関する基本理念を定めるものである。こども施策を総合的に推進することを目的とする子ども基本法制において，基本理念がどのように規定されるかは，重大な関心事である。また，こども家庭庁も，基本理念という柱があって初めて，バラバラに実施されていたこども施策を，単なる寄せ集めではなく，子どもの権利に資するものとして所管することができることになる。

ところで，子どもの権利を理念として総じて表す方法として，子どもの権利条約の一般原則を示すやり方がある。国連・子どもの権利委員会の第１会期で，「条約第44条第１項(a)に基づいて締約国によって提出される最初の報告の形式および内容に関するガイドライン」が採択され（1991年10月15日），一般原則（General principles）はその中で示されている。①差別の禁止（Non-discrimination（art. 2）），②子どもの最善の利益（Best interests of the child（art. 3）），③生命，生存及び発達に対する権利（The right to life, survival and development（art. 6）），④子どもの意見の尊重（Respect for the views of the child（art. 12））の４つである。

この４つの一般原則は，2009年に制定された子ども・若者育成支援法，2016年に改正された児童福祉法において，前者であれば第２条の基本理念において，後者であれば，第１章の総則の第１条及び第２条に織り込まれる形で規定されているが，同様のやり方で，こども基本法では，第３条で織り込まれることとなった。第３条第１号で，差別的取扱いの禁止を，第２号で，生命，生存，発達の権利を，第３号及び第４号で，こどもの意見の尊重を，重複するが，第４号で，こどもの最善の利益の尊重が優先した考慮という形で織り込まれている。基本理念は，第３条の本文で，「こども施策は，次に掲げる事項を基本理念として行われなければならない。」とするもので，こども施策を担うこども家庭庁設置法で十分な規定ぶりになっていないが，こども基本法において，子どもの権利保障を基盤としたこども施策の実施を根拠づけている点は重要である[18]。

こどもの意見とその尊重が大事である

こども施策の基本理念において，子どもの権利条約の一般原則である子どもの意見とその尊重が，第３条第３号及び４号に規定されていることはすでに指摘した。これは，こどもの意見の尊重を定める子どもの権利条約第12条を根拠に持つものであり，子どもの権利の中で最も重要な権利であるとされている。第３号は，「全てのこどもについて，その年齢及び発達の程度に応じて，自己に直接関係する全ての事項に関して意見を表明する機会及び多様な社会的活動に参画する機会が確保されること」としており，自己に直接関係することについての子どもの意見の尊重の規定である。そして，第４号は，「全てのこどもについて，その年齢及び発達の程度に応じて，その意見が尊重され，その最善の利益が優先して考慮されること」としており，自己に関わることにとどまらずその意見が尊重されることが規定されている。

平野裕二の指摘によれば，３号は，当初案では，「社会のあらゆる分野においてこどもの意見が尊重されること」が規定されていたものが削除された経緯があり，現行の３号で定めるこどもの意見の尊重は，（文部科学省が維持している限定解釈に沿って）自己に直接関係するものに限定された規定になっている。しかし，国連・子どもの権利委員会は，一般的意見12号（意見を聴かれる子どもの権利，2009年）で，「そのこどもに影響を与えるすべての事柄」について，広義に解すべきと述べており，自己に直接関係するものに限定することは誤りである。その意味で，こどもの意見の尊重は，第３号と，（それ自体，こどもの最善の利益を規定する形にはなっているが）第４号と一体的に解釈すべきであるとしている[19]。

加えて，こども基本法第11条で，「国及び地方公共団体は，こども施策を策定し，実施し，及び評価するに当たっては，当該こども施策の対象となるこども（中略）の意見を反映させるために必要な措置を講ずるものとする。」としている点にも留意しておきたい。こども基本法において，自治体に対して，ある意味，唯一，（努力義務ではなく）義務づけをする規定になっており，その意味で，こども基本法施行とともに自治体に直接的かつ具体的に影響を持つ規定であるといってよい。こども施策には，教育分野も含まれることから，教育行政や学校現場においても実施されなければならない。具体的には，校則の問題などをはじめとして，学校現場で子どもの権利に関連することは多く，文部科学省が責任を持って主導し，基本理念に従った改革を行っていくことが求められる。

おわりに

本年４月をもって，こども家庭庁が設置された。こども家庭庁設置準備室には，民間団体からも多くの人材が集められ，その準備に当たっていることは知られている。子どもに関する民間セクターとの協働は不可欠なことであり重要なことである。これを支える民間団体の活動も活発に行われている。

他方，わが国の法制度を前提とすると，こども施策のほとんどが国の法律で定められる一方で，その権限のほとんどが自治体，とりわけ市区町村長にある。自治体は，これまで，省庁縦割り，法律縦割りの文化の中で，国にわかりやすい行政組織，文化を持ってきた。こども施策についてのこども家庭庁から自治体への通知等は，いまだ一般的なものにとどまっており，その分，自治体の動きが鈍い。むしろ，国に頼ることなく，子どもの権利条例（子ども条例）を定めるなどして，地方自治の力を発揮すべき時期であるように思う。

また，こども家庭庁そのものも気になる。例えば，子ども虐待防止分野でも，ワンストップの切れ目のない支援が必要との指摘から，2016（平成28）年，母子保健法を改正し，第22条において，子育て世代包括支援センター（母子健康包括支援センター）の設置が，（日本版ネウボラなどとして）市区町村の努力義務とされ，全国展開が促されたが，十分な成果を上げることができず，同年の児童福祉法改正で入れられた「拠点」（第10条の２）を子ども家庭総合支援拠点として展開し，母子保健との連携が模索された。市区町村によっては，これを真摯に受け止め，両者の連携に努めていたところ，2022（令和４）年の児童福祉法改正（2024（令和６）年施行）で，母子保健と児童福祉の一体的運用を念頭に，子ども家庭センターを設置することが努力義務とされた。自治体のとまどいは大きく，今や国からの通知待ちになっているところも多い。ところが，国は，これらをこども施策としてこども家庭庁の所管としたものの，母子保健課は育成局，虐待防止対策課は支援局と異なる局に別れており，自治体には一体化を促しながら，新たな縦割りを作っているとの指摘もある。

いずれにせよ，新たな制度設計で何かがうまくいかなくなるということはありうることであり，克服すべき課題である。これまでの省庁縦割り，法律縦割りの文化の元の鞘に収めるのではなく，子どもの権利保障の観点から，改革が進められることが望まれる。

注

1　第１回の総括所見は，1998年６月５日に，第２回は，2004年２月26日に，第３回は，2010年６月20日に，第４・５回は，2019年３月５日に，採択または公表（配布）されている。いずれも，日本弁護士連合会のホームページ「子どもの権利条約報告書審査」で日本語訳も含めてみることができる。
https://www.nichibenren.or.jp/activity/international/library/human_rights/child_report-1st.html

2　以降の記述は，日本弁護士連合会子どもの権利委員会編『子どもコミッショナーはなぜ必要か――子どものSOSに応える人権機関』（2023年，明石書店）61-67頁（半田勝久・間宮静香執筆）を参考にしている。同箇所には数値を示すグラフ等も掲載されているので参考にされたい。

3　ユニセフ・イノチェンティ研究所『レポートカード16―子どもたちに影響する世界：先進国の子どもの幸福度を形作るものは何か』（2020年）。日本について分析についてはユニセフのホームページに掲載されている（https://www.unicef.or.jp/report/20200902.html）。

4　コロナ禍の子どもについて，国立成育医療センターも調査（コロナ×こどもアンケート調査）を行っており，その中でも，コロナ禍で子どもの「からだの健康」が下がる一方で，「こころの健康」が一貫して低位であることの指摘がなされている。

https://www.ncchd.go.jp/center/activity/covid19_kodomo/report/

5　「社会的養育の推進に向けて」令和４年３月31日厚生労働省子ども家庭局福祉課。
https://www.mhlw.go.jp/content/000833294.pdf

6　「子ども虐待による死亡事例等の検証結果等について（第18次報告）」社会保障審議会児童部会児童虐待等要保護事例の検証に関する専門委員会。
https://www.mhlw.go.jp/stf/seisakunitsuite/bunya/0000190801_00006.html

7　前掲書・日弁連子どもの権利委員会（2023年）62-63頁。

8　OECD Family Database　https://www.oecd.org/els/family/database.htm

9　令和２年度少子化社会に関する国際意識調査報告書
https://www8.cao.go.jp/shoushi/shoushika/research/r02/kokusai/pdf_g-index.html

10　日本は，無回答以外の「とてもそう思う」4.4%，「どちらかといえばそう思う」33.8%，「どちらかといえばそう思わない」47.2%，「全くそう思わない」13.9%であるのに対して，フランスは，それぞれ，25.5%，56.5%，15.7%，1.9%，ドイツは，26.5%，50.5%，17.4%，5.4%，スウェーデンは，80.4%，16.7%，1.4%，0.7%となっている。

11　たまひよ妊娠・出産白書 2022
https://blog.benesse.ne.jp/bh/ja/news/20220315release.pdf

12　ヤングケアラーの実態に関する調査研究報告書
https://www.murc.jp/wp-content/uploads/2021/04/koukai_210412_7.pdf

13　不登校傾向にある子どもの実態調査
https://www.nippon-foundation.or.jp/who/news/information/2018/20181212-6917.html

14　不登校児童生徒の実態把握に関する調査企画分析会議「不登校児童生徒の実態把握に関する調査報告書」令和３年10月
https://www.mext.go.jp/content/20211006-mxt_jidou02-000018318_03.pdf

15　前掲書・日弁連子どもの権利委員会（2023年）66頁。

16　衆議院調査局内閣調査室「こども家庭庁設置法案（内閣提出第38号）こども家庭庁設置法の施行に伴う関係法律の整備に関する法律案（内閣提出第39号）に関する資料」（第208国会衆議院内閣委員会参考資料）

17　そこでは，女性の就業者数の増加に比例した共働き家庭の増加の中，保育施設の需要と幼稚園での定員割れ，待機児童が上昇する中での待機児童対策と待機児童の推移が上げられ，さらに，学童保育をめぐる状況が述べられ，共働き家庭等の小学生に対する対策と学童保育の待機児童の状況が示されている。

18　子ども基本法制，とりわけ政府提案のこども家庭庁設置法の提案にかかる2021年12月21日閣議決定のサブタイトルとして，「こどもまんなか社会」との用語が用いられ，同法案の理由を説明するに際にも，「こどもまんなか社会」という表現がしばしば使われている。この点について，2022年４月22日の衆議院内閣委員会において，「こどもまんなか社会」とは何かとの質問に対して，担当の野田国務大臣が,「こどもまんなか社会とは,常に子供の最善の利益を第一に考えて,子供に関する取組,政策が我が国社会の真ん中に据えられる社会のことであります。子供が保護者や社会の支えを受けながら自立した個人として自己を確立していく主体,言い換えれば,権利の主体であることを社会全体で認識すること,そして,保護すべきところは保護しつつ,子供の意見を年齢,発達段階に応じて尊重し,そして,子供の権利を保障し,子供を誰一人取り残さず,健やかな成長を後押しする,そんな社会であると考えています。」としており,子どもの権利について言及し答弁したことは銘記されてよい(第208回国会衆議院内閣委員会会議録(2022年4月22日)・野田国務大臣答弁)。

https://www.shugiin.go.jp/Internet/itdb_kaigiroku.nsf/html/kaigiroku/000220820220422021.htm

19 以上,平野裕二「こども基本法施行に関するこども家庭庁長官の自治体向け通知」(平野裕二 note,2023年4月7日)(https://note.com/childrights/n/nc98d58496cea)。なお,平野裕二は,こどもの意見の尊重と子どもの最善の利益の確保について,国連・子どもの権利委員会一般的意見14号(自己の最善の利益を第一次的に考慮される子どもの権利,2013年)を踏まえて,「子ども(たち)の意見のとおりにするのが子ども(たち)にとって最善であっても,その他の利益(関係する大人や機関の利益,社会や国の利益など)を優先させる決定が行なわれることもあります(予算配分などはその典型でしょう)。必要なのは,そうした現実をしっかりと見据え,可能なかぎり子どもの利益を追求するよう努めるとともに,子どもの利益を犠牲にして他の利益を優先させる場合にはその合理的理由をきちんと説明することです。」としている。重要な指摘である。

離婚・再婚という移行期を経験する家族

トラウマインフォームドケアの視点を踏まえた支援

福丸由佳

はじめに

毎年子どもの日にちなんで発表される15歳未満の子どもの数は，42年連続で減少し，2022年度は総人口の11.5％にあたる1,453万人（総務省，2023）に，また年間出生数も，初めて80万人を割り込み，77万747人と統計開始以来の最少を更新した（厚生労働省，2023）。これに対して，一年間に親の離婚を経験する子どもの数（18歳未満）は19万人前後で推移しており，これらの人口動態の状況から，親の離婚を経験する子どもの存在はとても身近であることがわかる。

また，再婚件数の割合は年間の婚姻件数の約25％前後で推移しており夫婦の一方あるいは双方が，それ以前のパートナーとの間で生まれた子どもをつれて再婚する家族，すなわちステップファミリーもより身近になっている。家族の多様化が進み，包括的，普遍的な定義はもはや難しいとされる中で，本稿では，子どものいる家庭を対象に，離婚や再婚を経験する家族を「移行期を経験する家族」ととらえ，近年，その重要性が指摘されているトラウマインフォームドケアの視点も踏まえながら，家族支援の現状と今後の課題について考えてみたい。

1　離婚という家族の移行期

親にとっての離婚

法務省（2021a）による協議離婚を経験した親への大規模調査によれば，別居時の親の心情は，「子どもへの申し訳なさ」が最も多く（強く感じた55.8%，少し感じた26.7%），「解放感」，「相手への怒り」や「将来への不安」など，他にもさまざまな感情が渦巻いていることが示されている。また３人に１人は「話し合いを経ず」に別居に至っており，そのうち半分以上が，（相手が）突然出て行った／追い出された，相手が応じなかった，DV や子どもへの虐待の問題があり話をする余裕がなかった，などの理由から「話せる状態ではなかった」と答えている。

さらに子どもに対する別居の説明となると，40.7%が説明していない。一方，説明した59.3%のうち「本当の理由とともに説明した」のは34.2%にとどまり，14.7%は「別居することだけ説明した」，10.5%は「虚偽の理由とともに説明した」と答えている。また，説明しなかった理由の1位は「子どもが幼かったから」で８割近くに昇っている（子どもの平均年齢は7.9歳）。

子どもにとっての親の離婚

離婚は同じ家族内でも，親と子どもでその経験は大きく異なる。子ども時代に親の離婚を経験した成人への調査によれば，親の不仲を知っていた子どもの割合は「薄々感じていた」も含めると５割，未就学児でも３割を超えている（法務省，2021b）。当時のことを覚えている子どもに限るとその割合は80.8%，未就学時でも68.5%となる（横山ほか，2022）。にもかかわらず，別れることについて双方の親から説明されたのは３割に満たず，35%が説明はなかった（12%は覚えてない）というのが現実である。

子どもにとって離婚は多くの場合，選択の余地のない結果として受け入れざるを得ない。両親の不仲や葛藤的な関係を察知していても，十分な説明がない中で,「あいまいな喪失」(Boss, 2006) を経験する子どもたちが少なくない現実が見えてくる。

また,離別に対する思いは離別前の生活状況によっても異なる(法務省, 2023)。たとえば両親関係に振り回されていると感じていた子どもは,離別は肯定的な変化にもつながるものとして賛成することが少なくないが,子どもからすると問題ない生活を送っていた場合は突然の離別に困惑しやすい。ただその場合でも,離別やその理由の説明があること,子どもの意見を聞く場があることで子どもは離別をより受け入れやすくなるという。

「(筆者注:親の離婚の原因は) 小学生でもある程度理解しているんだよって,わかってないふりしてるのは親だけだよっていう。わからない言葉だったとしても真剣に説明をしてくれてるっていう事実はきっと残るから,そこのけじめ。けじめというか区切りというか,だらだらだらだら相手を思い続けなきゃいけないのって,すごい疲れる」といった語りから,子どもの発達や理解度に応じた説明が,子どもにとっていかに大事かがわかる(法務省, 2023)。

また,図1からも示されるように,子どもが自分の気持ちを伝え意見表明できるかは,必ずしも年齢の要因ばかりとは言えない。むしろ成長

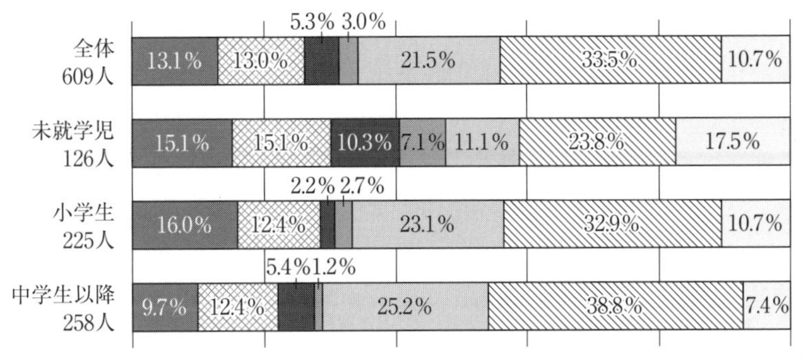

図1　父母の別居時の子どもの意見表明 (法務省, 2021bより作成)

して色々わかるからこそ「伝えたいことはあったが伝えられなかった」という思春期の子どもたちの現実も見えてくる。

「離婚や別居親の話題はタブーみたいな感じだった。だから聞くときはめっちゃタイミング見計らって勇気を出して言ってみて，その反応をみてまた次どうするか考えたりして…」といった大学生の語りからもわかるように（曽山，2023），それぞれのライフステージで子どもなりに親の離婚と向き合おうとするが，大切な親だからこそ聴けなかったり一人であれこれ考えてしまいやすいと共に，離婚や別居親の存在が家の中でどのように扱われているかも大きく影響していることがうかがえる。

2　再婚という家族の移行期

親にとっての再婚とステップファミリー

ステップファミリーに共通する特徴は，２度目の結婚をする（家庭を築く）側の親子はそれぞれ，以前の関係の中で離別や死別の喪失体験を抱えており，一方，継親は途中からの養育を経験する，つまり“喪失”と，“タイミングの異なる養育のスタート”という負荷が混在することである。とりわけ育児経験のない女性が継母として家庭に入る場合のストレスが高く，また継親の頑張りを継子が受け入れ難かったりすると，関係が悪くなることが指摘されている（野沢・菊地，2021）。さらに，離婚後のひとり親家庭を経た同居親が，今度こそしっかりしたカップル関係をという期待のもと，子どもを厳しくしつけようとする継親に同調しがちになることで，結果として子どもは実親に対する不信感や喪失感，孤立感を抱きやすいことも示されている（野沢・菊地，2021）。

子どもにとっての親の再婚とステップファミリー

子どもにとって，実親の新たなパートナー（継親）と暮らすことは，やはり選択の余地のないことが多く，別れた親と継親との狭間で子どもが忠誠心の葛藤に苛まされることも少なくない。さらに，再婚相手に子どもがいれば血のつながらないきょうだいが，再婚後に子どもが生まれれば，実親と継親の子どもとのきょうだい関係も生じることになる。

また，親との死別を経験しているのか離別なのか，離別の場合も離れて暮らす親と会えているのかなどの状況への目配りも必要である。特に再婚によって実親と会えなくなるといった場合は，子どもにとっての（多くの場合，別居親にとっても）喪失が大きいことは言うまでもない。

このようにステップファミリーへの移行は，複雑な関係がさまざま生じ得るため，新しい家族の関係を築いていくためにはある程度の時間をかけること，また継親との関係の不安などを実親子で話し合えるように心がけたり，しつけなどの親役割を継親にすぐ任せたりしない，といったことが大切になってくる（SAJ(編)　野沢ほか(著)，2018)。

3　子ども時代の逆境的体験とトラウマインフォームドケア

逆境的小児期体験

親の離婚や再婚によって，子どもはさまざまな喪失や（たとえば，別居親の存在や，原家族における両親と自分という関係，住み慣れた環境，苗字などを失うことなど），新たな関係の再構築（たとえば慣れない生活習慣の中での継親との関係を築いていくなど）を経験する。両親の不和や諍いから解放され安心感を取り戻したり，理解ある継親との新たな出会いがその後の豊かな体験につながったり，などの肯定的な変化もありうる一方，長く続くあいまいな喪失や，安心できない環境の中で落ち着かない日常を送らざるを得ない場合などは，子どもにとって大きなストレスとなり，それは逆境的な体験と捉えることができる。

近年，長期にわたる心身の健康への影響という視点から，逆境的小児期体験（Adverse Childhood Experiences：ACEs）に関する一連の知見がみられる（Felitti et al., 1998)。それによると，ACEs は虐待やネグレクトなどのトラウマティックな出来事に加え，DV や親の精神疾患，離婚・離別など家族の機能不全というより広い概念を含んでおり，18歳までにリスク要因がより累積されていく（特に 4 つ以上重なる）ことで，神経発達不全や情緒的認知的問題，社会的適応上の問題，また身体疾患や早期の死亡にも影響を及ぼすことが指摘されている（Felitti et al., 1998）。

もちろん親の離婚・再婚は，それ自体が子どもの生命を脅かすような狭義のトラウマであるとはいえず，肯定的側面が勝るなど，家族の機能不全にあたらない場合も少なくない。ただ，たとえば離婚の背景にDVやネグレクトの問題があったり，良好で愛着の対象でもあった別居親との関係が，再婚によって奪われたりすると，安心感のある子ども時代の喪失にもつながりやすく，その後の生き方に少なからず影響を及ぼす（野坂，2023）と考えられる。

トラウマインフォームドケア

こうした中で，近年その重要性が指摘されているのが，トラウマインフォームドケア（Trauma Informed Care：TIC）である（SAMHSA, 2014）。よりシステム論的な発想を組み込んで，実践の質や効果を向上させるという意味でトラウマインフォームドアプローチ（またはプラクティス）という表現を使うこともある（松野・遊佐，2022）。

ここでいうトラウマは狭義のトラウマに限らず，家庭や保育現場などでの不適切な養育（マルトリートメント）や機能不全な家庭状況等，日常生活の中で慢性的に起きている出来事などを広く含んでいる（野坂, 2023）。野坂も指摘するように，「情報を持ち理解する，前提とする」“インフォームド”という言葉からわかるように，TICはあらゆる人に対してトラウマの影響を考慮して関わるということを意味しており，トラウマ後の対応だけでなく，一次予防としてトラウマとなりうる出来事を防ぐことも含む広い概念といえる。

離婚，再婚におけるトラウマインフォームドケアの視点

TICのアプローチでは，たとえば「問題行動を起こす乱暴な子ども」といった見方でなく，「この子に何が起きたのか，何がそうさせているのか」と，過去の体験と現在の状態を橋渡しする視点から（「トラウマのメガネでみる」），子どもの心身の状態を理解しようとする。

特に幼児の場合，たとえば親が突然出て行ったショックや困惑を言葉で上手く表現できず，保育者にまとわりついたり急に泣き出したり，日中の活動に支障が出るなどの場合，それを「怖がりでこだわりの強い子」などと生来の性格とだけ捉えると，注意や叱責で終わってしまい，子どもの心身の状態を理解する機会を逃してしまう（野坂，2023）。

さらに，この時期は発達的にも現実と空想が入り混じりやすく，自己中心性が優位な時期ゆえに，「あの時自分があんなことを言ったからパパは出て行ったのだ」といった自責感，「いい子になれば元に戻るだろう」という思い込みを抱いたりもしやすい。実際，子ども時代に親の離婚を経験した成人の語りから，離別は自分のせいではないと伝えられなかったことが，呪縛のように子ども自身を苦しめ続けることがあるといった知見も示されている（法務省，2023）。人とのかかわりに困難を抱える子どもの背景には，こうしたさまざまな経験や思いを抱えている場合があるかもしれない。

また，ステップファミリーのきょうだい間でも，その体験が異なることは少なくない。たとえば，幼ない末子は屈託なく継父に懐くことができても，離婚後は母親を懸命に支えてケア役割を担ってきた10代の長男にとっては，「この人が新しいお父さん」と突然，他人が家庭に入ってくることは，非常に複雑な体験となるかもしれない。拒絶や反感，割り切れない思いは，継父はもちろん実母に向けられることも少なくない。一見，頑なで可愛げがない言動の背景には，きょうだい間でも共有することが難しい疎外感や行き場のない気持ちがあるかもしれない。このように同じ家族やきょうだいの中でも，その感情や体験は異なりうる。

トラウマインフォームドケアの視点を踏まえたかかわり

離婚の背景にDVの問題がある場合，TICの視点は特に重要になる。DVは子どもにもさまざまな影響を与えるが，とりわけ対人交流における誤学習は，その後の人との関係の持ち方に大きくかかわる。たとえば，家庭以外の場でも「やる―やられる」という加害・被害の関係になりやすく，子どもはトラウマティックな関係性の再演によって他児を攻撃したり挑発的な態度をとったりトラブルを招きやすい（野坂，2023）。

さらにその影響は加害側から逃れた後，むしろ安全な環境になってから行動化されやすいため，攻撃的な行動が同居親に向かうことも少なくない。結果的に「子どものために別れたはずなのに，今度は子どもが自分に攻撃的な態度をとる」と母親が辛い思いをしたり，別れたのが誤りだったのかと思い悩んだりすることにもつながりやすい。

このような場合は特に，一見問題行動とみえる子どもの言動や気になる状態に対して，TIC の視点で丁寧にかかわることが重要だろう。親の DV を経験した子どもの行動化のメカニズムなど，トラウマに関連したごく基本的な知識を親も持つことで，子どもへの理解がしやすくなり，親自身の安心や対応のしやすさにもつながる。また，親の状態や養育力をある程度見立て，必要な場合は TIC の視点を踏まえた心理療法や医療機関につなげるといったかかわりが支援者側にも求められる。

子どもに対しては，威圧的なやり取りではなく穏やかで安定したかかわりや，安全な関係性を意識すること，見通しが持てる生活の流れを心がけることが求められる。そのためにも，同居親のセルフケアも大切で，その具体的な方法を共有するといったことも必要だろう。TIC のアプローチを踏まえ，専門性にもとづく心理教育的な情報共有を行うことで，親子の肯定的な関係を築くための支援がしやすくなると考えられる。

4　移行期に求められる支援の課題
—子ども，親，家族への視点

子どもアドボカシーという視点

子どもにとって安全で安定した環境が重要であると共に，家庭においても声を発しにくく，かつ発したとしても届きにくい現実を踏まえると，彼らの声を聴き，意見表明を支援し代弁する活動，すなわち子どもアドボカシーの考え方（堀，2020）は，子どもの権利という点からも大切である。別居親（非監護親）との面会交流をめぐるやりとりなどにおいても，その思いが（たとえ受け入れられない結果であっても）しっかり受

けとめ伝えられること，子どもの声は声として存在し，伝えてもいいし伝えなくてもよく，それも子どもの意思によるということを親や大人，そして子ども自身が学んでいくことも必要だろう。

また，専門家に限らず，子どもが信頼できる大人や知人との肯定的な関係も欠かせない。子ども自身の力や頑張りを大切に見守り，子どもの目線に立とうとする存在は，多ければ多いほどよいのである。

親に向けた，移行の初期における丁寧な伴走

離婚や再婚を経験する家族への支援について考える際，まさにその選択へと移行しつつあるカップルへの取り組みも今後の課題の一つと考えられる。離婚を識別するためのカウンセリング（Discernment Counseling）の実践と研究を行っているドハティとハリス（Doherty & Harris, 2017）によれば，離婚申請時に離婚に対してアンビバレントな感情を持つ人は少なくなく，関係の再構築に関心を持つ人も3割程度いること，また離婚後1年が経過したカップルの7割以上に，少なくとも1人がその決断を後悔していることを示すデータもあるという。

これらの知見を踏まえるならば，移行期にさしかかる家族に伴走し，家族の強みを活かす丁寧な支援によって，その後の関係の持ち方における選択肢が増えるかもしれない。また，たとえ離婚という結論に至るにせよ，そのプロセスにおける葛藤の低減につながる可能性もある。こうした視点を踏まえた家族支援が離婚時やその後の親子関係，養育においても大きな意味を持つであろうし，夫婦の関係は解消しても，工夫次第で親同士の関係の築き方には色々あるというモデルを大人が子どもに示すことにもなるだろう。

ステップファミリーについても，そこに至る背景やその過程の個別の事情を踏まえながら，同時に途中からの子育てを支える親子のコミュニケーションに関する取組みなど（福丸，2020），時間をかけながらの関係構築に向けた丁寧な支援が求められるだろう。

家族に対するスティグマへの気づき

こうした家族への取組みは，その家族をとりまく社会というより広い視点から捉えること，さらにスティグマの問題を踏まえることが不可欠である（大瀧，2023）。特に，スティグマの問題は支援に携わる立場はもちろん，社会全体として考えていくべきテーマでもある。

たとえば，「継親は努力すればすぐ親になれるし，なるべきだ」といった家族観や「（初婚家庭のような二人親家族になるためにも）別居親の存在は無視あるいは軽視していい」といったスクラップ&ビルド型の家族観（野沢・菊地，2021），「離婚を経験した子どもはかわいそう」といった思い込みなど，私たちはいつの間にかスティグマを抱えやすい。こうしたスティグマに気づくためにも，子どもや家族の声に改めて耳を傾け，そこから学んでいく姿勢も必要である（福丸，2023）。

おわりに

子ども家庭庁の発足に前後して，現在，法務省の家族法制部会で，離婚をとりまく制度や取組みについて，さまざま議論されている。離婚はともすると，子どもを両親の「葛藤のまんなか」においてしまいかねない。「肯定的であたたかい関係のまんなか」という本来の位置に子どもが安心していられるような，そしてさまざまな家族のありようを大切にできるような社会への模索もまさに移行期にあるといっていいだろう。

文　献

Boss, P.　2006　*Loss, trauma, and resilience : Therapeutic work with ambiguous loss.* W. W. Norton & Company［中島聡美・石井千賀子（監訳）2015　あいまいな喪失とトラウマからの回復―家族とコミュニティのレジリエンス．誠信書房．］

Doherty W. J. & Harris S. M.　2017　*Helping couples on the brink of divorce disernment counseling for troubled relationships.* American Psychological Association.

Felitti, V. J., Anda, R. F., Nordenberg, D., et al.　1998　Relationship of childhood abuse and household dysfunction to many of the leading causes of death in adults : The adverse childhood experiences（ACE）study. *American Journal*

of Preventive Medicine, 14(4), 245-258.
福丸由佳　2023　社会的諸問題へのアプローチ　福丸由佳(編)　離婚を経験する親子を支える心理教育プログラムFAIT―ファイト, 191-206. 新曜社.
福丸由佳　2020　家族関係における夫婦の葛藤, 親子の葛藤. 子ども学, 8. 87-106. 萌文書林.
法務省　2023　未成年期に父母の別居・離婚を経験した子に関する質的調査研究報告書. 公益社団法人商事法務研究会.
https://www.moj.go.jp/MINJI/minji07_00318.html
法務省　2021a「協議離婚制度に関する調査研究業務」報告書.
https://www.moj.go.jp/content/001346483.pdf
法務省　2021b　未成年期に父母の別居・離婚を経験した子に関する実態についての調査・分析業務報告書　公益社団法人商事法務研究会.
https://www.moj.go.jp/MINJI/minji07_00199.html
堀　正嗣　2020　子どもの心の声を聴く―子どもアドボカシー入門, 岩波ブックレット.
厚生労働省　2023　令和4年（2022）人口動態統計月報年計（概数）の概況.
松野航大・遊佐安一郎　2022　トラウマインフォームドアプローチと家族支援. 家族療法研究, 39(3), 232-238.
野坂祐子・浅野恭子　2022　性をはぐくむ親子の対話―この子がおとなになるまでに. 日本評論社.
野坂祐子　2023　保育におけるトラウマインフォームドケア. 子ども学, 11. 47-68. 萌文書林.
野沢慎司・菊地真理　2021　ステップファミリー―子どもから見た離婚・再婚. 角川新書.
大瀧玲子　2023　社会的スティグマとジェンダー　福丸由佳(編)　離婚を経験する親子を支える心理教育プログラムFAIT―ファイト, 183-191. 新曜社.
SAJ(編)　野沢慎司・緒倉珠巳・菊地真理(著)　2018　ステップファミリーのきほんをまなぶ―離婚・再婚と子どもたち. 金剛出版.
SAMHSA 2014 SAMHSA's concept of trauma and guidance for a trauma-informed approach. SAMSHAのトラウマ概念とトラウマインフォームドアプローチのための手引き.
https://www.j-hits.org/_files/00107013/5samhsa.pdf
曽山いづみ　2023　子どもの体験に思いをめぐらせる. 福丸由佳(編)　離婚を経験する親子を支える心理教育プログラムFAIT―ファイト, 42-48. 新曜社.
横山和宏・福丸由佳・大瀧玲子・渡部信吾　2022　離婚別居家庭とその子どもの実像と必要な支援―3つの大規模調査から見えること. 離婚・再婚家族と子ども研究, 4, 117-135.

里親家庭に対する養育支援

福島里美

はじめに

日本の社会的養護では，里親やファミリーホームといった家庭養護にいる子どもの割合は，海外に比べて低い水準にあり，家庭養護推進に向けた制度改正や支援強化が行われてきた。そして家庭養護の児童数は，2010年度末の4,373人から2020年度末の7,707人へと10年間で1.76倍に増えた（厚生労働省子ども家庭局家庭福祉課，2022）。それでもまだ充分とはいえず，引き続き制度の周知や支援体制の強化が期待される。

本稿では，筆者の20年以上にわたる里親支援や里親養育研究をもとに，里親家庭の養育支援で出会う典型的なテーマを整理したい。

1　里親家庭とは

里親家庭には，様々な家庭が含まれる。里親の種類だけでも，養育里親，専門里親，養子縁組を希望する里親，親族里親と４種類ある（児童福祉法第６条の４児童福祉法施行規則）。その他，自治体によって名称や運用は異なるが，週末や長期休暇の間に児童養護施設の子どもを預かる里親や，一時保護を引き受ける里親もいる。

養子縁組を希望する家庭は，縁組が成立すると，統計上は里親家庭ではなくなる。しかし縁組成立後も，子どもの成長とともに，縁組家庭ならではの悩みに出会うため，支援対象となりうる。ここでは養子縁組の成立した家庭も含めて“里親家庭”とし，里親や養親を“育て親”とする。

2　里親家庭ならではの課題

出会いの背景にある“別れ”

里子や養子は，愛着対象との別れを経て育て親と出会う。愛着対象には，実親や施設職員等の養育者だけでなく，きょうだいや友だち，学校や住み慣れた家など，慣れ親しんだ環境すべてが含まれる。里親委託前の育て親との交流中に，泣いたり，施設職員から離れようとしなかったり，交流後に不安定になったりする子どももいる。そうした反応は，愛着対象から離された子どもの自然な反応といえる。そしてこの反応は，子どもの愛着パターンを知る手がかりにもなる。

育て親には，子育て経験のない人や，実子のいる人，児童福祉の専門職など，様々な人がいる。そして，子どもを授からなかった夫婦や，実子の流産や死別を経験した夫婦も含まれる。また，仕事で子どもとの別れを経験した保育士や児童指導員が，長期的な養育の必要性を感じて育て親を志望する場合もある。育て親が別れた子どもに向けるはずだった愛情や期待，こうしてあげたかったという思いが，里子や養子へ向けられるのも自然な反応である。

里親家庭の支援では，里親子・養親子の性格や適応力だけでなく，その背景にある“別れ”のプロセスをふまえて，支援する必要がある。

試し行動

里親支援現場では，里親家庭で生活を始めて間もない子どもの問題行動を“試し行動”とよび，育て親がそれを受け入れれば次第におさまると考えられてきた。

しかし，児童虐待の防止等に関する法律が2000年に制定された後，複雑な生育歴や発達の偏りをもつ子どもも里親委託されるようになり，受け入れるだけでは済まない問題行動も多くみられるようになった（福島，2009）。内海（2012）は，「子どもの側には『試してやろう』と考える余裕はなく，試し行動というとらえ方が，事態の泥沼化につながる場合がある」と指摘する。

福島（2019）が育て親を対象に行った面接調査では，育て親の出会った試し行動の幅は広く，その深刻さや介入を要する度合いは多様であった（表）。この中で，従来の試し行動の概念に近く，受容しやすい行動は，中分類の「里親への要求」のみであった。

表　里親が出会った試し行動をKJ法で分類したもの

（福島，2019；福島，2021）

大分類	中分類	小分類
里親の関わりを要する行動	里親への要求	飲食の要求
		要求の主張
		年齢にそぐわない対応の要求
	生活ルールの逸脱	食行動の逸脱
		排せつ行動の逸脱
里親の関わりを拒否するような行動	里親との生活を拒む言動	実親の方が良いと訴える
		措置変更を求める
	言葉かけに応じない	反応しない
		指示に応じない
積極的介入を要する行動	社会のルールを逸脱	反社会的行動
		自傷行為

※この表では里親と養親を含めて「里親」と表記した。

また，試し行動への効果的な対応を分類した研究では（福島，2016），育て親は，受け入れる以外にも，その行動を続けてほしくないときには教えたり抱きしめたり叱ったり，日常生活では安心感を守る関わりをするなど，柔軟な対応をしていた（図）。調査協力者の言葉にもあるように，一律にこうすれば良いというマニュアルはなく，子どもの状況や反応に合わせたオーダーメイドの対応が求められる。

子どもに合わせて判断するので一律にこうした方がいいとはいえない

その行動と向き合った

要求に応じた
子どもがそうする理由を分かろうとした
児童相談所へ相談

その行動を続けてほしくないとき

やってはいけない理由を教えた
抱きしめて自傷をやらせないようにした
要求は言葉で伝えるよう教えた
叱った

日常生活での関わり

里親宅が安心できる場所であることを伝えた
よく外で遊ばせて泣いている暇を作らないようにした

図　試し行動に対する効果的な対応を KJ 法で分類したもの（福島，2016）

子どもの生い立ちとどう向き合うか

児童福祉現場では，育て親と生活を始める子どもの年齢は，0～18歳未満までと幅広く，実親交流の有無や頻度も様々である。養子縁組をしない里子の多くは，満18歳で自立か，あるいは家庭引き取りとなる（実親の元へ帰る）が，里親委託の延長や里親の厚意により，18歳以降も里親家庭で暮らす里子もいる。いずれの場合も，子どもに対して，「なぜ実親と暮らせないのか」「いつまで里親家庭で暮らすのか」「きょうだいはいるのか」等を子どもの発達に合わせて伝えていく。

生い立ちの課題には，「子どもに生い立ちをどう伝えるか」と「育て親が子どもの生い立ちをどう受け止めるか」の両方のテーマがある。

前者は，真実告知（全国里親委託等推進委員会，2013）やライフストーリーワーク（例えば Wrench & Naylor, 2013；才村・徳永(監訳)，2015）の詳細が，書籍や研修を通じて広く発信されているので，そちらを参照されたい。

後者については，育て親への心理的負荷が高いものの，研究や研修で扱う機会は少ない。育て親は，子どもへの愛情が深まるほど，実親への怒りや対抗心といった複雑な感情をもつことがある。特に里親委託期間や実親交流の頻度や方法は，実親の事情で二転三転することも多く，振り回されたと感じる里親も少なくない（Fukushima et al., 2013）。

支援者は，子どもと育て親が，それぞれのペースで子どもの生い立ちと向き合えるよう，気を配りながら支えていくことが大切である。

学校で扱われる“生い立ち”のテーマ

学校では，いのちの授業や2分の1成人式，性教育や家庭科の授業で，名前の由来や幼少期の写真や持ち物，産まれた時のエピソードに触れる機会がある。これらは学習指導要領に基づくものだが，保育園や幼稚園でも，誕生日会や卒園アルバム制作で，同様のことが行われる場合がある。生みの親と離別し，名前の由来が分からず，幼少期の情報や写真をもたない子どもたちにとって，苦しい課題である。

例えば，同級生が幼少期の写真を楽しそうに見せ合う中，乳児院や里親委託後の写真だけを持ち，「あなたが産まれた時」というテーマの作文を想像で書き，授業参観で「産んでくれてありがとう」と感謝を述べるのである。

埼玉里母の会（2017）の調査によると，大半の育て親は，生い立ちの授業の前に担任や児童相談所，里親仲間へ相談していた。そして相談後の対応に計44％の育て親は「満足」「やや満足」と回答し，計39％の育て親は「不満」「やや不満」と回答した。

周囲の協力のもと，生い立ちの授業を真実告知やライフストーリーワークの機会として活用する里親家庭もある。しかし一方では，相談したが充分な支援や配慮がなく，子どもがつらい思いをするケースも少なくない。里親家庭で暮らす子どもの現状について，教育機関や保育施設に理解を求めることも，重要な課題である。

3　里親家庭の支援者として留意すること

支援者と育て親との連携

養育里親への委託では，子どもを委託するか，委託を継続するか，いつまで委託するかを判断するのは児童福祉司や児童相談所の判断となる。よって，親権も決定権ももたない育て親は，支援者からの評価を気にしながら養育を行うこととなる。支援者が，良かれと思って助言をしたら，育て親が「養育力がないと判断された」と否定的にとらえる行き違いが生じるのは，こうした権限の違いによるものだといえる。

育て親との信頼関係をつくるため，筆者は育て親の専門性を尊重するように心がけている。育て親は，生活を通じて子どもをケアする専門家であり，心理職や福祉職とは異なる専門性をもつ。面接場面で用いるスキルも，生活場面では役に立たないことが多い。別の専門職として，育て親の気付きを尊重し，養育の苦労や工夫を労い，連携することで，子どもへの理解をお互いに深めることができる。時には，育て親の報告から，子どもの被虐待歴や発達障害が明らかになる場合もある。

里親家庭であることを誰が知っているのか

筆者は，児童相談所名の入った封筒を養子縁組家庭に送り，育て親から怒られたことがある。その経験をきっかけに，里親家庭とのやり取りでは，情報の扱いに細心の注意を払うようになった。特に子どもが，自身の生い立ちを充分理解していない時期は，本人の前で“里親”という言葉や，児童相談所や里親支援機関の名前を出すのを控える。

地域の規模や里親家庭の方針にもよるが，近隣住民が里親家庭であることを知らない場合もある。そのため，家庭訪問の際は，公車や相談員のネームプレートが近隣住民の目にふれないよう気を配る。また，訪問先のインターホンでは「福島です」と個人名を名乗るようにし，「里親専門相談員の福島です」「児童相談所の福島です」と，里親家庭であることが近隣に分かる言い方をするのも避けた方が良い。こうした配慮が求められるため，里親会の名称に里親という語を入れない会もある。

育て親の呼び方

筆者が里親支援を始めて間もない頃，一緒にファミリーホームを訪問した同僚が，里母を「お母様」と呼び，「私はお母さんとして子どもたちと向き合っているわけではありません！」と注意されたことがある。

一般的な子育て支援では，保護者面接で親御さんを「お父様」「お母様」と呼ぶことがある。しかし，子どもを委託されたばかりの里父母を，いきなり「お父様」「お母様」と呼ぶのは違和感がある。また前述の例のように，「お父様」「お母様」と呼ぶのが失礼にあたることもある。筆者は，育て親の姓や名前に「さん」をつけて呼んでいる。

家庭訪問

里親委託ガイドライン（厚生労働省雇用均等・児童家庭局長，2011）は，里親家庭への定期的な訪問を推奨する。これは，子どもの養育状況を確認し，気軽に相談できる関係を作る意味があるとされる。

実際に里親家庭を訪問すると，地域性や家族関係など，訪問して初めて分かることがとても多い。例えば，周辺にある塾や習い事，近隣の公園で遊ぶ子どもの様子等から，その地域の子どもの生活状況や教育水準，子ども同士の距離感が垣間見える。

家にお邪魔すると，児童書やおもちゃ等から，日頃の様子を把握できる。また室内に飾られた家族写真には，家族史が表れる。七五三や入学式など，子どもの成長を祝う写真を飾る里親家庭は多い。自立や別居，死別によって離れた家族の写真を飾る家では，育て親の体験した“別れ”を目の当たりにすることもある。その他，里子や養子の実親の写真を飾る家もあれば，実親の写真を隠す家もある。

里親子関係や子どもをアセスメントするときには，個人の発達やパーソナリティだけではなく，環境や家族史，地域性も大切な情報となる。

おわりに

里親家庭の養育支援において発展途上の課題を中心に記述したため，育て親の支援に偏った構成となった。子どものケアを担う読者には，物足りない内容だと思うが，良好な里親子関係の形成や委託継続のためには，育て親に寄り添い，連携をとる支援者の存在も必須だと感じる。そのための視点としてお受け取りいただければ幸いである。

文 献

福島里美　2009　里親養育に関する文献的考察―国内外の里親研究の動向から．コミュニティ心理学研究，12(2)，181-192.

福島里美　2016　里親から養育のコツを聴く―ほめ方・叱り方，試し行動への対応について．ソーシャルワーク実践研究，4，78-88.

福島里美　2019　里親養育における「試し行動」とは何か―里親委託率の高いA市の面接調査から．子ども家庭福祉学，19，1-8.

福島里美　2021　試し行動と試しではない行動を乗り越える里親．Amazon.co.jp

Fukushima, S., Fukushima, M. & Kusuhara, Y.　2013　*Relationships between foster parents and foster children over feelings towards the birth parents : Interview survey for foster parents.* International Academy of Family Psychology. 7th Conference.

厚生労働省雇用均等・児童家庭局長　2011　里親委託ガイドラインについて https://www.mhlw.go.jp/bunya/kodomo/syakaiteki_yougo/dl/yougo_genjou_11.pdf

厚生労働省子ども家庭局家庭福祉課　2022　社会的養育の推進に向けて https://www.mhlw.go.jp/content/000833294.pdf

埼玉里母の会　2017　生い立ちの授業についての調査．日本フォスターケア研究会第4回研究大会.

内海新祐　2012　「試し行動」というとらえ方をめぐって―支援者としての観点から．里親と子ども，7，65-70.

Wrench, K. & Naylor, L.　2013　*Life story work with children who are fostered or adopted : Creative ideas and activities.* Jessica Kingsley Publishers.［才村眞理・徳永祥子(監訳)　2015　施設・里親家庭で暮らす子どもとはじめるクリエイティブなライフストーリーワーク．福村出版.］

全国里親委託等推進委員会　2013　里親ファミリーホーム養育指針ハンドブック．全国里親委託等推進委員会.

児童養護施設における子どもと家族への支援

大塚　斉

1　児童養護施設の状況

20万件を超える児童虐待相談対応件数の内，施設入所等に至る子どもは，その2.1％である（厚生労働省，2022）。児童虐待の対応件数は，統計を取り始めた1990年以降31年連続で増加し続けているが，受け皿となる児童養護施設の数はそれに比して増えているわけではない。2021年３月時点では全国に児童養護施設は612か所あり，23,631人の子どもたちが在籍していた。図１のように里親委託が増えている一方で，児童養護施設の入所児童数は減ってきている。里親・ファミリーホーム委託率は地方自治体によって差があり，東京都の児童養護施設に勤める筆者に見えるものと全国の状況はズレがあるかもしれないが，東京では未だ施設入所率が高く，一時保護所も定員一杯である。地方では児童養護施設の入所率が下がり，施設には一時保護機能やショートステイなどの短期利用の場としての役割も増えてきている。児童養護施設は多機能化し，比較的短期の入所，あるいは手厚いケアを必要とするような子どもを受け入れ，長期的な養育を必要とする子どもは里親委託を検討する方針で進められてきているが，それでもやはり児童養護施設には８年以上入所している

○里親・ファミリーホームへの委託児童数

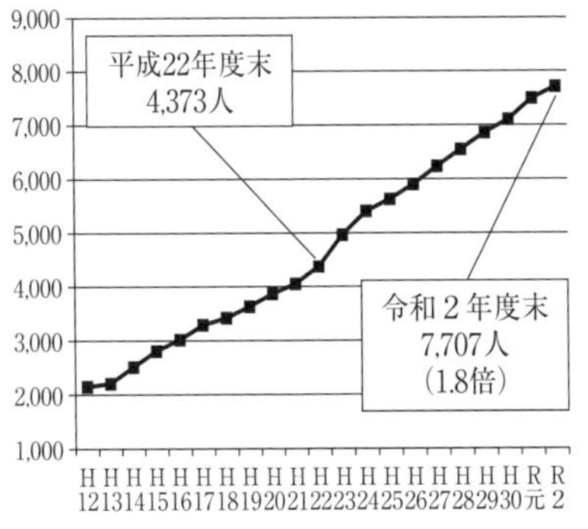

○児童養護施設の入所児童数

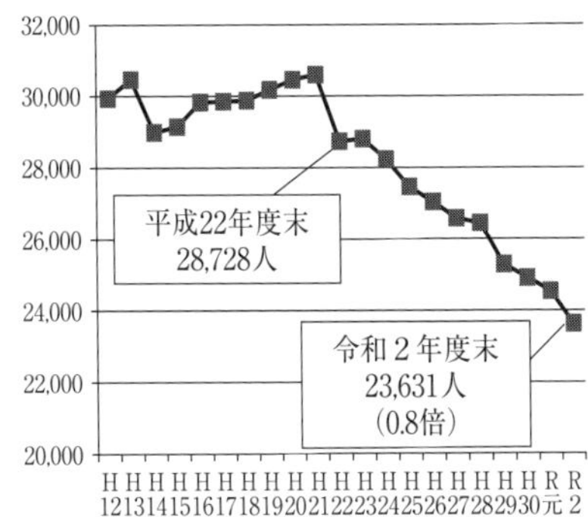

○児童養護施設の設置数

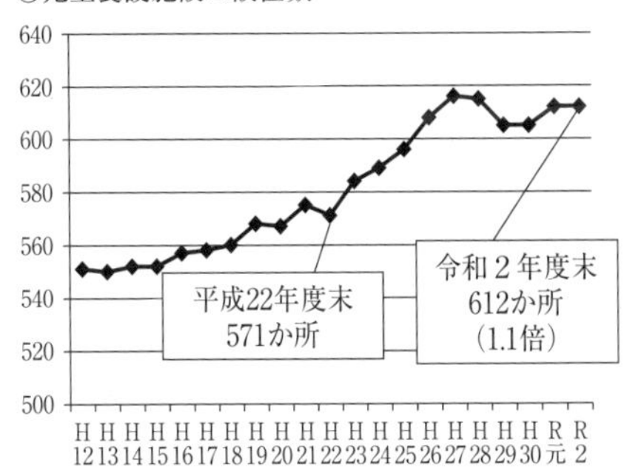

図１　要保護児童数の現状（厚生労働省，2022より作成）

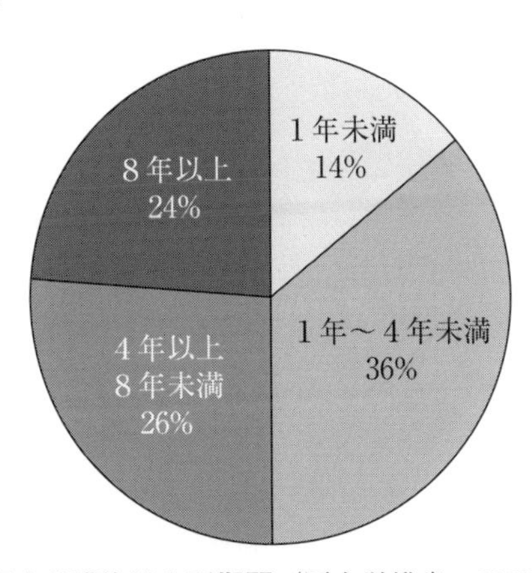

図２　児童養護施設入所期間（厚生労働省，2022より作成）

児童が24％いる（図２）。家族の生活状況が整い，関係調整も経て，家庭復帰していく子どもと，児童養護施設で長く育っていく子どもが半々くらいだろうか。つまり，児童養護施設には，子どもの育ちを支え自立支援を行う機能と，家族と子どもの関係調整を児童相談所と連携しつつ担い，家庭復帰を促進する機能の両面が求められている。

2　児童養護施設の子どもへの支援

日常生活の重要性

児童養護施設にはどのような子どもたちが多いのだろうか。2023年現在において，児童虐待の相談件数の約６割が心理的虐待であり，特に両親間のDV目撃による警察通告が増えているが，児童養護施設に入所してくる児童では，ネグレクトが多い（図３）。筆者の勤める施設では生活保護率が５割を超えている。単に児童虐待が起こって，その程度の重症度によって分離措置に至るというよりは，やはり貧困に基づく養護問題があり，保護者も余裕が無く，親族サポートも得られず，分離措置となることが多いのだろう。そんな家庭環境を想像させるように，子どもたちは食べたことの無い物が多く，未経験のことも多い。そのような子どもたちに対して，様々な食べ物や季節に合ったメニューを食べさせ

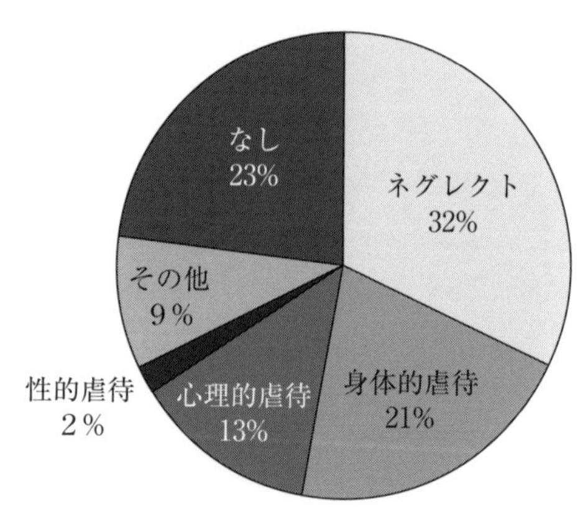

図３　入所児童の被虐待種別（厚生労働省，2022より作成）

たり，ひな祭り，お月見，七草といった古くからの風習や食事などを経験させることも大切な育ちの支援である。また海や川，山に遊びに行く，宿泊旅行なども子どもたちには良い経験となる。辛く，嫌な記憶が多い子どもたちもいるので，楽しい思い出を増やしてあげたいのだ。中井(2004）は，「外傷関連症状は生涯消えなくて不思議ではない」とした上で，その回復過程は「症状が(1)間遠になり，(2)心をかき乱す力動が弱まり，(3)次第に一つの挿話となり，(4)しばしば無意味で退屈なものになることである」と示した。そして，その過程を推し進めるのは「よい人との新しい出会いをはじめとする好ましい体験であって，（中略）この重量が大になればなるほど，外傷性記憶が記憶の総体に占める比重は小さくなる」と述べている。児童養護施設の当たり前の日常生活が，このような意味を持っている。子どもが当たり前に享受したであろう経験を補い支える，日常の支援が子どもたちを和らげるのである。

子どもがどのような建物構造や部屋で生活しているかということも，あまり意識されないが大きな影響力を持っている。筆者が施設に勤め始めた当初は，50年以上前に建てた建物を建て増し，補強改築しながら使っていた建物であった。昔は大部屋に子どもも職員も一緒に雑魚寝をしていたそうだが，私が勤め始めた頃は，小学生は10畳くらいの部屋に二段ベットが２つ入った４人部屋を使っており，高校生は２人部屋や１人部屋が用意されていた。小学生はしょっちゅうケンカをしていたし，２人部屋の中高生は部屋の床にガムテープを貼って境界線を作ったりしていた。高校生にもなると，みな１人部屋を希望し，卒園する子がいて１人部屋が空くと，子どもたちの中で，その部屋が次に誰に割り当てられるのか，憶測が飛び交うのである。数年前に新しい園舎へと建て替え，多くの居室を１人部屋にした。１人部屋になったことで，個人スペースと共有スペースの境界が明確となり，その結果，明らかに児童間のケンカは激減し，性的な問題行動も起きづらくなった。住む環境が人に与える影響が，こうも大きなものなのかと思い知る変化であった。

知的障害児への支援

厚生労働省の調査結果によれば，児童養護施設にいる子どもの36.7％が何らかの障害等があり，以前の調査と比べても増加傾向にあることが指摘されている（厚生労働省，2022）。確かに，児童養護施設では知的障害を有する児童が約12％となっており，一般有病率１％に比して明らかに高率である（図４）。重度の知的障害であれば，知的障害児入所施設に措置となるので，児童養護施設に来る知的障害を抱える子どもは軽度であることが多い。遺伝やてんかん等の生物学的要因による知的能力の低下もあれば，幼少期に適切な刺激が無かったことによる知的能力の制限も考えられる。とりわけ言語能力は，幼児期からの言葉かけ，養育者との相互交流によって身に付くため，養育環境の影響を受けやすい。児童養護施設に入所して，適切な環境が整うと，知能指数がぐっと伸びる例は，子どもに長く関わったことがある人ならだれもが経験するであろう。知能指数においても，環境がいかに影響するかを示す好例である。軽度知的障害の子どもたちは，集団の中では周りに合わせ，わかったふりをしていることも多い。後になってから「周りが何で笑っているのか分からなかったけど，合わせて笑っていた」などと教えてくれることもある。それは彼らの努力なのだが，その結果，困っていることが見えづらくなってしまうことがある。学校環境などが合っていないと，不適応

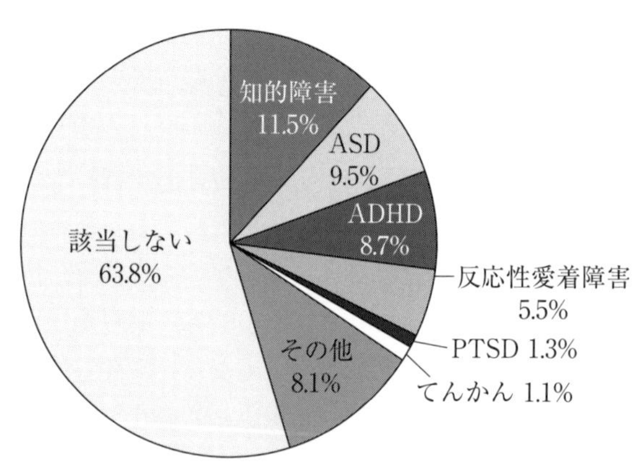

図４　入所児童の抱える疾患等（厚生労働省，2022より作成）

感を強め，回避的になり，不登校等になってしまうリスクも秘めているのだ。また思春期は性的欲求が高まるが，通常は欲求のままに行動したらどうなるかを想像し，その社会で許容されている範囲で表現される。しかし，知的制限によって社会性の発達が遅れると，コントロールできず不適切な性的問題行動に繋がるリスクもある（滝川ほか，2012）。軽度知的障害は，様々な問題と繋がりやすいリスクファクターであることを知り，児童養護施設に勤める専門職は，軽度知的障害についてよく学んでおく必要がある。

被虐待児への支援

児童養護施設の入所児童の内，約７割が虐待を受けている。反応性愛着障害と診断がついている子どもは5.5％，PTSD と診断がついている子どもは1.3％となっている（厚生労働省，2022）。実感からするともう少し症状がある子は多いだろう。成長途中の子どもに診断名を付ける難しさもある。自分の苦しさの理由が分かりホッとする子がいる一方で，過度に病名に囚われてしまい，自分を病気にアイデンティファイしてしまうこともある。少なくとも周りの大人が前のめりになりすぎないようにしたい。

過覚醒の子ども

興奮しやすく，過覚醒の子どもたちは，ケンカが多かったり，宿題ができないとイライラして暴言や暴力に発展したり，また一度興奮すると鎮まりにくく，なかなか気分が変わりづらい。寝つきも悪いことが多く，睡眠障害をきっかけに児童精神科に通院し始めることもある。服薬をしつつも，それだけでよくなるわけではないので，“薬はやや症状を和らげ，脳の発達によりコントロールができるようになるまでの時間稼ぎに効果がある”くらいに考えておくと良いのではないか。支援者チームには，その子が小さい頃に脳を落ち着かせて貰えなかったことを補うように，なだめ，落ち着かせ，言葉をかけ，安心した時間を提供する支援が求められる。特に興奮が強い場合は，気持ちを言葉にする声かけなどが入っていかないことも多い。“その子どもが伝えたいことがあって意図して暴れている。伝えたいことを言葉にできるようにしてあげなければ”と考えるより，“脳が興奮してしまって治まらないのだ”と見てあげた方が援助者は冷静でいられる。理解しようと「○○が嫌だったんだね」と声をかけても，「うるせー」「嫌だったんだねって言ってんじゃねえ」などの言葉が反射的に返ってくる。そのような場合は，濡れタオルで顔を拭く，水を飲む，散歩に出て外気を吸うなど，物理的な刺激によって気分を落ち着かせることが功を奏すことが多い。支援者に対して興奮が強くなってしまったら，他の人が対応を代わり，落ち着かせるのを優先した方が良いだろう。子どもが興奮した場面は，支援者にとってもマルトリートメントのリスクを孕む難しい局面であるからだ。1対1の関係で逃げずにケアを与え続けることで回復するのだといった支援観は，それをやり遂げ，子どもが回復したという実践例より，支援者がつぶれてしまい，子どもには新たな傷つきを経験させてしまう場合の方が多いだろう。一人の援助者が担うのではなく，総体としてケアを与え続けることを基本とすべきであろう。一人の援助者に対して向けられた，微かに芽生えた信頼の萌芽が，「あなたは本当に信頼できるのか」と痛烈な問いとなって向けられる時，たじろぎつつもそこに居続けざるを得ない場面があることは間違いないのだが。しかしそのような時であっても「私が提供できるのは職業的援助者としてのそれでしかないのだ」と考えておくことが，結果的には長く緩やかな関係を維持することに繋がるように思う。

内向性症状の子ども

あまり目立たないが，抑うつ感を基盤として，頭痛，悪夢，腹痛，緊張などの内向性症状を経験している子どもも少なくない。特に大きな原因となるようなエピソードがなく，ズルズルときっかけが分からないまま，欠席が増えていくような経過が典型例であろう。丁寧に聞き取ると，かなり長い間症状を感じていたということもある。この傾向の子どもたちは，通院し診断名がつくとホッとすることが多い。それまでの経過で，

“自分の弱さだ”という自分の内外からの声を聴いて，疲れているのだろう。こうした子どもたちへの援助は，個別心理療法で，身体化されていた気持ちを少しずつ話せるようになることを目指し，それができるようになったら，身近な担当職員にも話せるように働きかけていくのが良いだろう。長く発達を支えつつ，服薬等も含めて浮き沈みへの対処スキルを身に付けて大人になれると良い。というのも，児童養護施設から自立した後，周りにサポートしてくれる人も少なくなり，再び症状が強く出てくる例を何例か経験している。社会の中に自分の居場所を作っていけるかどうかで，ずいぶん予後が異なるように思う。

健康で，レジリエントな子どもへの支援

社会的養護の子どもたちが語られるとき，その大変さが取り上げられることが多い。子どもたちが抱える重荷が多様であることは間違いないが，一方で23％の子どもが非虐待であり，63.8％の子どもが疾患や障害等もなく，健康でレジリエントな子どもである（厚生労働省，2022）。実習生が来ると「学校で習っていたイメージより，健康な子どもが多いですね」と言われることも多い。児童養護施設等出身者への奨学金等も増え，高校卒業後進学する子も増えてきている。高卒と同時に働き始め，コツコツと仕事を続け，社会の中に自分の居場所を作っていく子どもも多い。つい先日もとても苦労しながら育ち，社会人として頑張っている子が，信頼している元担当職員へ連絡してきた。「よく頑張っているね」，そんな言葉をかけると「社会人になって，こうして今やれるようになるまでには，色々なことがあったよね。でも今出会った人たちに，自分がどれだけ頑張ってこの状態を維持しているのかなんて，いちいち話さないでしょう？　でも施設の職員はずっと見てきてくれたから，これからも私に起きたことは知っておいて欲しい。私がこうやって生きていることを知っている人がいてくれるだけで良い」と話してくれた。長く児童養護施設に勤めていると，このように自分の人生を引き受け，誠実に生きていく姿を見せて貰うことがある。おそらく，援助者が長く関わり，人生の見守り人になることで支えうるものがあるのだろう。そしてそれ

は援助者にとっても，幸せなことでもある。

施設養育における“家族”

児童養護施設は，規則正しい生活があり，多様な大人との出会いがある。スポーツ観戦やイベントへの招待，ボランティア等の社会的活動への関与などの面では，一般家庭の子どもより恵まれているかもしれない。さらに保育士をはじめ養育の専門家が，複数人で養育を担う環境は，養育技術だけで言えば，一般家庭より優れている面もある。それでも子どもたちは“家族”を求め，時に傷つく。そんな時ふと思う。施設の養育は，家庭での養育とどこが違うのだろうか。何が足りないのだろうか。子どもにとって“家族”とは何だろうか？

施設の思春期の子どもたちが，よく言う言葉がある。「どうせ職員は仕事だろう？　心配したって言ったって，仕事だから心配しているんだろう？」と反抗的な態度と共に言われることがある。この言葉には，彼らが“家族”に求めているものが含まれているように思えてならない。つまり，「私はあなたにとって，他の子どもと同じように仕事上で出会った子どもなのですよね？　私はあなたにとって“他の誰でもない，かけがえのない存在”ではないのですよね？」と問われているように感じることがしばしばあった。確かに親にとっての子どもは，よその家の子どもとは違う，かけがえのない特別な存在である。そこに強い関係性の意識があり，繋がりがある。子どもはその眼差しを受け，そこに“自分”のアイデンティティの根を張る。施設への分離措置は，おそらくこの点を揺るがすのだ。「親にとって，私は“かけがえのない存在”ではなかったのか？」「どうして親は私を手放したのだろうか」と。

児童養護施設の子どもと家族への支援は，根底にこのテーマを含んでいる。なぜ自分は施設にいるのか？　保護者にはどのような事情があったのかを知り，自分の身に起きたことを自分自身で納得する時間が必要となることも多い。それを実際に家族と交流しながらできる子もいれば，家族と会える状況になく，心の中で家族像を作っていく子もいる。親の事情を知り，仕方なかったのだなと納得する子もいれば，親自身のいい加減さ，自分勝手さ，生活能力の低さを見て，自分は施設で育って良かったと思う子もいる。大切なのは，誰かに押し付けられたストーリーではなく，子ども自身が自分なりのやり方で自分の人生を物語るようになることなのだろう。対人援助職は，その整理を手伝いながら，同行するくらいしかできない（大塚，2014：田附・大塚，2018）。

心理職の役割

これまで見てきたように，児童養護施設の援助は，多岐に渡り，その中には心理職が狭義の専門性を発揮する場面もある。しかし最も大切なことは，不安定な環境で育ってきた子どもたちに，安心で安全な生活を提供する生活支援であり，これを維持するのになかなか手がかかる。その中心は，睡眠不足と自身の感情をコントロールしながら24時間体制で生活支援を支えるケアワーカーたちの尊い役割によって成り立っており，そうしたケアワーカーたちと支援の見立てと方法を共有し，サポートするのも心理職の大きな役割である。児童養護施設の心理職の専門性はそこにあるといっても過言ではない。

文　献

厚生労働省　2022　社会的養育の推進に向けて（令和４年３月31日）
https://www.cfa.go.jp/assets/contents/node/basic_page/field_ref_resources/8aba23f3-abb8-4f95-8202-f0fd487fbe16/355512cb/20230401_policies_shakaiteki-yougo_68.pdf
厚生労働省　2020　児童養護施設入所児童等調査の概要（平成30年２月１日現在）
https://warp.da.ndl.go.jp/info:ndljp/pid/12862028/www.mhlw.go.jp/content/11923000/001077520.pdf
中井久夫　2004　徴候・記憶・外傷．みすず書房．
大塚　斉　2014　児童養護施設における子どもと家族の歴史を紡ぐジェノグラム―システミックな援助実践．日本家族心理学会（編）　家族心理学年報32　地域と家族の未来像．金子書房．
滝川一廣・平田美音・玉井邦夫ほか　2012　情緒障害児短期治療施設における性的問題への対応に関する研究（第１報）．子どもの虹情報研修センター．
https://www.crc-japan.net/wp-content/uploads/2021/12/情緒障害児短期治

療施設における性的問題への対応に関する研究（第１報）.pdf
田附あえか・大塚　斉　2018　児童養護施設における心理職の役割と家族支援—子どもが育つ場での心理的援助．日本家族心理学会(編)　家族心理学年報36　福祉分野に生かす個と家族を支える心理臨床．金子書房．

先天性疾患の子どもと家族への支援

尾方　綾

はじめに

「先天異常は決してまれに起こることではなく，20〜30人に１人（３〜５％）の頻度で発生するとされている」（倉澤，2022）。生命予後が厳しいものから，手術や薬による管理が可能なものもあれば，発達の遅れや身体的な障害の程度なども様々である。

筆者が勤務する医療機関では，先天性疾患や障害を抱える子どもに心理検査や心理面接を実施することも多い。その子どもや家族を理解するには，どのような治療をしたのか，どのような治療を継続しているのか，予後はどうなのか，本人にどのように告知されているのか，家族はどのように受け止め，育ててきたのかなど，疾患にまつわることも踏まえる必要がある。

本稿では，先天性疾患や障害を抱える子どもやその家族を取り巻く状況について概観し，子どもや家族の心のケアについて考える。

1　様々なライフステージにおける子どもと家族へのケア

周産期・新生児期の子どもと家族への心のケア

兵庫県ホームページの「周産期医療対策」の説明によれば，周産期は妊娠22週から出生後7日未満のことを言い，合併症妊娠や分娩時の新生児仮死など，母体・胎児や新生児の生命に関わる事態が発生する可能性が高くなる期間である（兵庫県ホームページ https://web.pref.hyogo.lg.jp/kf15/shuusannkiiryoutaisaku.html）。また，新生児期は生まれてから生後1か月までのことを言う。永田（2023）は，「心理学的には，親が，自分とは別の存在として胎児を意識しはじめ，わが子を迎え入れる準備を心理的にもすすめていく時期から，出産により，現実に赤ちゃんと会い，1か月かけてお互いのリズムを合わせて赤ちゃんのいる生活に適応していく時期」とし，「親と子が出会い，家族として歩み始めるこの時期をどう過ごすことができるかは，その後の家族としての道のりや親と子のメンタルヘルスに多かれ少なかれ影響を与えていく」と述べている。

生殖補助医療技術（assisted reproductive technology：ART）が広く普及し，妊娠までに経済的，身体的負担のみならず，心理的な不安や葛藤を抱える夫婦も多い。また，胎児診断の技術も急速に進化し，「従来は出生してからわかった先天異常あるいは症状が顕在化してから診断された脳奇形や周産期脳障害が，主に画像診断の普及により，出生前あるいは症状出現前に診断されるケースが増えてきた」（松井，2007）。また，新型出生前診断（non-invasive prenatal genetic testing：NIPT）により妊娠のごく初期に胎児の染色体異常を把握できる。胎児診断により出生前から治療方針を話し合い，出生直後から治療を開始することができる。しかし，思い描いていた我が子のイメージや，新しく生まれてくる赤ちゃんもふくめた生活や家族像などを喪失することになる。お腹の中の赤ちゃんを，自身や家族，生活を脅かす存在のように感じることもある。「なんで私（の子）が」と考えたり，自責の念を抱く両親も多く，その思いは子どもが生まれ，治療を受け，成長してからもずっと心の中にあり続ける。出生後に疾患が分かった赤ちゃんの家族は，「生まれる前に分かっていたらもっと赤ちゃんのために考えられたのに」という思いと「分かっていたら妊娠や出産に耐えられなかったかもしれない」という思いを同時に抱えることがある。支援者は，両方の思いが存在しうることを知り，失ったイメージをゆっくり取り戻す過程を見守ることも大切であろう。

赤ちゃんと向き合い新たな関係性を作る時期に，家族は難しい判断を迫られることが多い。治療するのかしないのか，どこまで治療するのか，家族と医療者で何度も話し合う。話し合いの中には，医師や看護師，助産師だけでなく，メディカルソーシャルワーカー（medical social worker：MSW）や公認心理師・臨床心理士などのコメディカルも同席し，様々な立場から考える。日本小児科学会の「重篤な疾患を持つ子どもの医療をめぐる話し合いのガイドライン」では，「治療方針の決定にあたり，子ども・父母（保護者）と関係する多くの医療スタッフが，子どもの最善の利益について真摯に話し合い，それぞれの価値観や思いを共有して支え合い，パートナーシップを確立していくプロセスが最も重視されるべきである」とされる（日本小児科学会，2012）。「最善の利益」とは言うが，家族が真に願う「最善」は失われていることも多い。その中で，子どもの幸せとは何か，どうするとよりそれに近づくのか，それぞれの立場から一緒に考え決定していく作業となるが，心理的に苦しい作業である。家族と医療者，医療者と医療者の間に溝が生まれることもある。生々しい感情や葛藤に触れることは非常にエネルギーを必要とし，医療者も心を揺さぶられるが，その揺れを意識し，巻き込まれてしまわないことが大切であろう。家族にとっては，葛藤を責められることなく抱えられたと思える体験と，赤ちゃんとゆっくり出会う時間が大切である。その中で家族が赤ちゃんの力を感じ，答えを見つけることがある。「こんなに生命とは何か，幸せとは何か考えたことはなかった」「今までの生き方を振り返った」「見てこなかった世界があることを知った」など家族が語ることもある。赤ちゃんと家族の力を信じ，安心できる環境を整え，ときにただ語りに耳を傾け待つ姿勢が，心のケアの土台となると考える。

乳幼児期の子どもと家族への心のケア

多くの家族にとって退院はゴールではなくスタートである。退院は家族にとって喜びではあるが，大きな責任ものしかかる。MSW などが中心となり，地域と連携したり訪問看護の導入を調整したりすることもある。乳幼児期は，基本的な生活習慣を獲得していく時期であるが，及川（2021）は，「慢性疾患児は，それに加え，毎日の体調を把握し，服薬をする，医療的ケアを実施する，など日々の健康状態に合わせて必要な療養行動も獲得していかなければならない」としているが，地域や訪問看護など日々の関わりの中でのサポートが重要となるだろう。また，家族会なども家族の大きな支えとなることがある。

保育園や幼稚園などに入園すると集団生活の中で様々なことを学ぶ。信頼のできる大人（主に両親）を安全基地とし，失敗したり成功したりしながら徐々に自信をつける。しかし，「慢性疾患を持つ子どもが集団活動を始めるには，受入れ施設に制限があり，ハードルが高いのが現状である」（仁尾，2023）。家族は，「集団への参加を通して患児の発達を促したい思いがある一方で，身体管理の面から二の足を踏んでしまうという葛藤がある」（尾方ら，2018）。保育園や幼稚園，療育機関などとの連携や，先天性疾患の子どもを受け入れるシステムの充実が必要であろう。

仁尾（2019）は，「社会性や認知の発達，行動範囲の拡大に伴い，健康な子どもとの違いに自ら気づいたり，ほかの子どもから指摘されることで気づくようになる」と述べている。家族から「疾患のことをいつどのように子どもに説明すれば良いか」という質問を受けることがあるが，子どもが疾患に関することを質問してきたとき，両親はどう答えると良いだろう。自責の念を抱える両親は心を揺さぶられるかもしれないが，動揺してごまかしたり隠したりすると，これは両親を困らせる話題だと子どもが感じ，自身の疾患に関する話題をためらうようになるかもしれない。両親が，嘘をつかずごまかさず，しかし必要以上に不安を煽らず，子どもが理解できる言葉で疑問に答えることができると，いつ聞いても良いのだと子どもが思える関係性が築けるだろう。支援者は，親子がそのような関係性を築けるように支えていくことが大切と考える。

学童期・思春期の子どもと家族への心のケア

就学も大きなハードルとなることがある。筆者が勤務する医療機関では低出生体重児をはじめとするハイリスク児に対する発達のフォローアップに加え，Fontan 手術という心臓の手術を終えた子どもに対しても定期的なフォローアップを行っている。就学前には知的な能力や適応行動の評価を行い，就学の相談をする。尾方ら（2020）の調査では，Fontan 手術後患児は特別支援級を選択する子どもが一般的な割合よりも多く見られたが，知的な能力だけでなく身体管理という面から特別支援級を選択することもある。尾方ら（2018）の調査では，「保護者の判断で運動を制限しているケースもみられた」。過度な制限は発達にとって大切な経験の機会を奪うことにもなる。何ができて何ができないのか，具体的な情報を伝えることが支援者として求められる。また，就学後の集団生活の中での疾患管理については，「患児や親の指導だけでなく，学校現場の協力・連携は必須」である（広瀬・福屋，1998)。就学前に身体的な機能や知的能力，集団適応の様子など，様々な視点から子どもを理解し，生き生きと過ごせる環境を整えることが必要である。そのために多職種が連携してアセスメントを行うことが求められる。

年齢が上がるにつれて，子どもが自分で身体管理をしなければならない場面が増える。小学校４，５年生から宿泊を伴う行事が始まるが，１日中保護者がいなくても困らないようにしていなければ参加のハードルが高くなる。思春期も近づき親から自立し始める時期でもあり，家族を頼ることへの葛藤も生まれる。思春期は自立と依存との間で葛藤を抱えながら，親の価値観から脱却し，自己のアイデンティティを確立していく時期である。疾患を抱えていない子どもは，親に反発して気まずいときに距離を取ることもできるが，身体的なケアの一部を家族に頼らなければならない子どもの場合，気まずいときでもケアを頼むことになる。気まずくなるのが嫌で親の顔色を見ながら過ごすことを選ぶこともあるだろう。場合によっては第三者による介助を検討することもある。

また，他者と自分を比べ，「自分とは何か」考えるようになる。周囲の成長に従って，周囲との差を日々の活動の中で感じることも多くなる。

進学や就職などの将来を考えるとき，身体的なケアや通院などを考えると選択肢が減ることもある。

葛藤や反抗を周囲が分かる形で表出する子どもは，受け止める家族にとっては大変であり，両親の心は揺さぶられる。しかし葛藤を意識化せず反抗もしない子どもは，受け入れているようにも見えるが心配である。子どもが安心して反抗期を迎えることが後の自立につながることは，疾患のあるなしに関わらない。この時期は，親子それぞれから別に話を聴く機会を作りながら支えていくことが必要なこともあるだろう。医療者だけでなく，家族会やピアサポートなどが支えとなることもある。

2　移行期支援

移行期支援とは

「近年，医療の発達とともに小児期慢性疾患患者の予後が大きく改善され，治療を継続しながら大人になっていく患者が増えてきている。大人になっても安定的に治療が継続され，適切な療養生活を送ることができるよう，10代の思春期の人たちを対象に移行期支援が行われている」（及川，2021）。筆者が勤務する医療機関でも，小児から成人として継続医療を円滑に受けられるように支援を行うため，2019年11月に「みらい支援外来」が開設され，看護師を中心に支援を行っている。櫻井（2021）は，「その支援は，成長発達支援を基盤とし，患者本人と家族を対象としたトータルケアのなかで，医療のみならず生活全般にかかわるセルフケアとその意思決定の主体者を親から子へ委譲することである」としている。そのために様々なプログラムが作成され，年齢や発達段階に合わせた介入が行われている。

自分の疾患を理解すること

移行期支援は思春期からスタートするものではなく，乳幼児期（もしくは胎児期）から，子どもの自立について考えられるように支援することが大切である。「患者が自分自身の健康に興味をもち自ら健康を維持・予防できるように，幼少期より自身の「できる」ことを増やし自律性の獲得を支援し，自立を支援することが必要である」(田中，2021)。

「できること」については様々な視点から捉えていくことが必要である。平均的な知的能力を有していても学校生活で上手くいっていないこともある。身体的な障害が重くても，学校帰りに1人で通院する子どももいる。疾患や障害の重さが必ずしもできなさにつながっているわけではない。子どもに関わる者がそれぞれの立場から，今何ができているのか，次は何が課題なのかなどを具体的にアセスメントし，できることを重ねていくことはどの発達段階でも大切である。

疾患について年齢や認知機能などに合わせて理解を進めていくことも大切である。疾患について伝えないことは子どもの不安にもつながる。人間は分からないことに不安を感じるため，子どもにも分かる言葉で説明するだけでも不安が軽減されることがある。いつでも質問をして良いという関係性を築くことにもつながる。

しかし「理解しているのにやらない」ということもよくある。「理解に乏しい」と捉えられることがあるが，本当に「理解できていない」のか。学校の休み時間に行っていたケアを，友だちと過ごしたくてやらなくなることもある。周囲との違いに悩み，怠薬などが起こることもある。たしかに，深刻さを理解できていないとも言えるが，健康の維持管理は思春期の発達段階としてできて当たり前なのだろうか。疾患がない子どもは，健康であることを疑わず自身や将来に向き合い，ときに健康を顧みずに無茶をする。命を守るために自己管理ができるように支援しなければならないのは当然だが，一方で支援者は，自身の身体や疾患について理解しそれに沿って生活することは，思春期や青年期の若者にとって当たり前ではないと心に留めておかなければならないのではないか。

おわりに

先天性疾患を抱える子どもたちが，疾患も含めて自分とは何かについて考え，自分を好きになれることは理想である。しかし「優秀でなければいけない。社会に認められない」と言って「良い子」であろうとする子どももいる。子どもたちは「疾患を抱えていても頑張る子ども」を社会が求めていると感じ，期待に応えようとするが，どこかで無理が生じる。そのような子どもたちに「あなたらしく」や「自分で自分を認めてあげれば良い」とはとても言えない。関わる大人は，疾患の裏にどのような思いを抱えているのかを思い，命に関わらない範囲で反抗できるような関係性を築き，「できない」を認めることも大切ではないだろうか。

引用文献

広瀬幸美・福屋靖子　1998　先天性心疾患をもつ母親の療育上の心配 第1報—健康管理および教育・育児に関して．小児保健研究，57(3)，441-450．

倉澤健太郎　2022　わが国の先天異常発生動向．医学のあゆみ，282(5)，333-338．

松井　潔　2007　胎児期・新生児期・乳児期の障害への支援．脳と発達，39(2)，111-115．

永田雅子　2023　新生児・周産期領域における心のケア．小児科診療，86(1)，23-27．

日本小児科学会　2012　重篤な疾患を持つ子どもの医療をめぐる話し合いのガイドライン．
https://www.jpeds.or.jp/uploads/files/saisin_120808.pdf

仁尾かおり　2019　先天性心疾患をもつ子どもの成長・発達とセルフケア．小児看護，42(7)，809-813．

仁尾かおり　2023　小児循環器領域における心のケア．小児科診療，86(1)，43-47．

尾方　綾・大出幹子・蒲池和明ほか　2018　フォンタン術後発達フォローアップ—保護者を対象とした問診票の検討．こども医療センター医学誌，47(3)，164-168．

尾方　綾・大出幹子・蒲池和明ほか　2020　Fontan術後患者の就学状況についての検討．こども医療センター医学誌，49(1)，34-35．

及川郁子　2021　移行期を進めるための幼少期からの支援．小児科臨床，74(6)，628-632．

櫻井育穂　2021　患者と家族を中心とした自立支援—移行準備に向けた患者教育，移行プログラムについて．小児内科，53(8)，1203-1207．

田中恭子　2021　成人移行支援における心理社会的課題．小児内科，53(8)，1197-1202．

発達障害児と家族への支援

小野寺敦子

1　発達障害児の増加と二次障害

発達障害児の増加

現在，発達障害は，2013年に改訂されたアメリカ精神医学会の精神疾患の診断・統計マニュアルDSM-5（Diagnostic and Statistical Manual of Mental Disorders-5）に従い，知的能力障害群，自閉スペクトラム症，注意欠如・多動症，限局性学習症，コミュニケーション症群，運動症群（例：発達性協調運動症），チック症群からなる神経発達症群（障害群）とされている。このため2000年に公刊されたDSM-Ⅳ-TRで診断されていた小児自閉症やアスペルガー障害などを含む「広汎性発達障害」（PDD＝Pervasive Developmental Disorder）はDSM-5では，自閉スペクトラム症という診断名に統合され，広く浸透してきていたアスペルガー障害という診断名は使用されなくなった。

特別支援教育を受けている児童生徒数を2021年と2011年の10年間を比較した『厚生労働省の取り組みについて』の資料（厚生労働省，2023）によれば，義務教育を受けている児童生徒数は2011年に1,054万人であったが2021年度には961万人に減少している一方で，特別支援教育を受ける児童生徒数は，2011年28.5万人（全体の2.3％）であったが，2021年には53.9万人とほぼ倍増している。この数値は全児童生徒数の5.6％が特別支援教育を受けていることを示しており，全国のどこの小中学校にも発達障害児がいる可能性が高い。

そして障害のある子どもに対して行われている支援・指導は①特別支援学校，②特別支援学級，③通級による指導に分けられ実施されている。特別支援学校（視覚障害・聴覚障害・知的障害・身体不自由など）に在籍する児童数は2011年の約6.5万人から2021年には約8.0万人で1.2倍に，小中学校の特別支援学級の在籍者数は2011年約15.5万人から2021年約32.6万人と2.1倍に，通級における指導を受けている児童数は2011年約6.5万人から2021年約13.3万人で2.0倍となっている。

さらに保育園に在籍する障害児保育の状況（厚生労働省，2023）をみると，障害児を受け入れている施設は2012年には14,658か所であったが，2021年では21,143か所と大幅に増加している。そしてそうした施設での障害児数は2012年には50,788人であったが，2021年では86,407人となっている。乳幼児期においては発達障害と判断できないが，ちょっと気になる子どもが多数存在しており保育士の保育困難感やストレスも高いことが危惧される。

このように近年，発達障害児や「気になる子ども」の人数は倍増しており，学校や保育現場ではそうした子どもたちの対応に苦慮している。また学年が上がるにつれ教育現場では発達障害児の二次障害が大きな問題になってきている。

発達障害と二次障害

齊藤（2014）は，二次障害を「発達障害において個々の発達障害そのものの生来的特性のうち，著しい困難や問題となっているものを『一次障害』と呼ぶのに対して，出生直後から始まる子どもと養育環境やその外部の環境との相互作用の結果として生じる新たな困難や問題」と定義している。つまり幼少期からの子どもを取り巻く環境（例：養育態度・学校・友人関係など）において，親や先生などから否定的な言葉かけや叱責を受け続けて育つことによる障害が二次障害である。そして二次障害には内在化問題と外在化問題とがある。内在化問題とは，自己肯定感の低下や勉強への意欲の低下・不登校や引きこもり・いじめ被害・うつ病といった個人内の問題をさしている。一方，外在化問題とは，教師や親・友人への反抗的な言動や暴言・非行傾向さらには年齢が上がると反抗挑発症・素行症・薬物依存・嗜癖行動症へとつながる問題のことである（内藤ら，2015：足立ら，2017）。とくにADHDの特性である「多動性」や「注意散漫さ」を示す児童は，叱責されることが多く二次障害を被りやすいと北ら（2008）は指摘している。

つまり生来の発達障害があっても二次障害の原因として考えられる不適切な環境の中で子どもが育たない様に配慮していくこと，さらには幼児の段階からの早期発見，早期療育が大切になってくると言えよう。

2　発達障害児の早期発見，早期療育

早期発見

桃井（2011）は「学童で（発達障害が疑われて）受診する子どもたちの多くが，学校や家庭での行動上の問題で，親や先生が困り果てた末の受診である」と述べ，学童期になってから子どもの発達障害をなんとかしようとしても対応が難しいこと，したがって早期発見が極めて重要であるとしている。また本田（2016）も，早い時期からの発達特性に応じた関わりが二次的な問題の予防に有効であると指摘している。すなわち就学前に発達障害に気づき療育を始めることが大切だと言える。

早期に子どもの発達障害を発見するには，親自身が我が子の様子が定型発達児とちょっと違うと気づく場合，1歳半健診や3歳児健診といった市町村が実施する健診の際に保健師が気づく場合，保育園や幼稚園の担任が気づく場合と様々である。しかし我が子が他の子どもとどこか違っていると親が気づいたとしても，外部からの指摘や現実をすぐには受け入れがたいというのが親の率直な気持ちであろう（藤林，2014）。したがって本田（2016）が「早期支援で最も重要なのは，親支援であ

る」と述べているように「自分の子どもが発達障害であるはずがない」といった親の不安な気持ちを十分理解しながら，子どもの特性および障害を親に受け入れてもらい，早期療育につなげることが重要な鍵となる。

子どもへの早期療育は，全国の児童発達支援センターおよび民間の児童発達支援事業所で受けられるが，2012年の児童福祉法改正で療育サービスの利用には「障害児通所受給者証」の取得が必要になった。そのため受給者証を取得すると「我が子に障害というレッテルがついてしまうのに抵抗がある」という理由で，療育サービスをキャンセルする親が少なからずいたと一瀬（2016）は報告している。しかし子どもの出生数は減少傾向にあるにもかかわらず，児童発達支援の利用児童数は増加傾向にあることから，徐々に早期療育が浸透しつつあると言えよう。これは2019年から３歳から５歳までの障害児の児童発達支援事業所の利用が無償化されたことも利用を促進させる要因となっている（０歳から２歳児の場合は，世帯所得に応じ市町村発行の通所受給者証があれば１割負担で利用できる）。

しかし身近な場所で通いやすいことが求められる児童発達支援事業所の数は，都道府県によりバラつきがある。2019年の児童発達支援事業所数（厚生労働省，2021）をみると，全国で一番事業所が多いのは大阪府（862か所）であり，つづいて北海道（627か所），愛知県（472か所），東京都（430か所），神奈川県（364か所）と大都市圏で事業所が多い。逆に少ない県は秋田県（18か所），島根県（23か所），福井県・鳥取県（ともに24か所）となっている。今後，発達障害児の増加に合わせて支援事業所を整備していく必要があろう。

早期療育

就学前の子どもを対象とした早期療育を実践する療育施設では，具体的にどのような支援を行っているのだろうか。児童発達支援事業所を運営するにあたっては，国が定める設置基準を満たしていることが必須となっている。各事業所では一日の利用定員は10名と定められており，児童発達支援管理責任者および児童指導員や保育士さらには機能訓練担当職員（言語聴覚士，理学療法士，作業療法士，臨床発達心理士，公認心理師）などの専門性の高いスタッフが療育を行っている。個別療育や集団療育があるが，実施しているプログラムは各事業所により異なっている。例えば自閉スペクトラム症の児童・生徒を支援するプログラムにはTEACCH（Treatment and Education of Autistic and related Communication-handicapped Children），ADHD傾向の子どもに対してはソーシャルスキル・トレーニング（Social Skill Training：SST），困った行動の解消を目的としたABA（応用行動分析 Applied Behavior Analysis）などがあげられる。また近年，感覚統合の視点から感覚統合療法も注目されている。この感覚統合療法は，作業療法士の指導のもと遊びや運動を取り入れた活動を通して発達に問題をかかえる子どもの様々な感覚を統合し，問題行動の改善をめざす療法である。

3　発達障害児を持つ親への支援

発達障害児を持つ親のストレス

近年，増え続けている発達障害児に対する有効な支援を実施していくには，そうした子どもを日々育てている親を支援することも重要である。なぜなら発達障害児を持つ親は，我が子の行動特性ゆえに育児ストレスおよび心理的負担感や不安感が強く，時には抑うつ症状や精神疾患を患う場合もあるからである（刀根，2002：本田・斉藤，2016）。本田・斉藤（2016）によればすでに成人に達した自閉スペクトラム症者を長年にわたって育ててきた親の負担感は，統合失調症や高次機能障害などの精神障害等がある人を介護している家族の負担感とほぼ同様であったと報告している。また山根（2013）は，発達障害児を育てている親たちのストレスを「理解・対応の困難」「将来・自立への不安」「周囲の理解のなさ」「障害認識の葛藤」の4側面から測定する尺度を開発し，第1子の親，女子の親のストレスが高くなる傾向があり，家族内でのサポートおよび公的サポートが親のストレス軽減には有効であると述べている。

このように発達障害児を育てる親は，定型発達の子どもを育てるよりも苦労が多い傾向にある。しかしストレスフルな状況にもかかわらず子育てしている母親も存在する。このストレスフルな状況に対応できる要素にレジリエンスが関係していると考えられる。

レジリエンスで子育てを乗り切る

マステンとリード（Masten & Reed, 1990）は，レジリエンスとは「困難・逆境で脅威となる状況にもかかわらず，その状況にうまく適応する過程・能力」と定義し，非常に厳しい環境・状況におかれた時に乗り越える力であると説明している。またブロックとブロック（Block & Block, 1980）は，レジリエンスと似た概念のエゴ・レジリエンスを提唱し「日常生活における内的あるいは外的なストレッサーに対して柔軟に自我を調整して状況にうまく対処して適応する力」と説明している。つまりエゴ・レジリエンスは，毎日のストレスフルな生活の中で好奇心をもって柔軟に物事をとらえ，ポジティブな見方をすることで立ち直っていく力である。この二つのレジリエンスは，共に困難な状況からの回復力という点で共通する概念である。したがって発達障害の子どもを持つ親自身がストレスフルな子育てを乗り越えるためにレジリエンス力を高めていけば，子どもにもよい影響を与えると言えよう。

尾野・茂木（2011）は，発達障害児を育てる母親のレジリエンスに着目し「ペアレンタルスキル」「ソーシャルサポート」「母としての肯定感」の3要素を測定する「子育てレジリエンス」尺度を開発している。そしてレジリエンスの高い発達障害児の母親は育児負担感が低く，その一方で自己効力感および精神的健康度が高いことを明らかにしている。小野寺（2008）は，エゴ・レジリエンス尺度を使って定型発達児を持つ母親を対象にした研究をおこない，エゴ・レジリエンスの高い母親はうつ傾向が低く，子どもの気質や行動にあわせた子育てを柔軟におこなっていることを明らかにしている。したがって発達障害児を持つ親は，子どものネガティブな行動に注目するのではなく我が子の得意なことや好奇心を引きだし，柔軟な対応をすることが大切だと言える。そうした親の対応こそが二次障害の予防につながるはずである。

4　海外にルーツを持つ発達障害児の課題

出入国在留管理局によれば2022年6月末の在留外国人数は，296万1,969人で前年末に比べ20万1,334人（7.3%）増加している。その国籍をみると 1.中国 2.ベトナム 3.韓国 4.フィリピン 5.ブラジル 6.ネパール 7.インドネシア 8.米国の順になっており，アジア圏からの外国人が圧倒的に多いことがわかる。また6歳から14歳までの公立学校に在籍する外国籍の児童生徒数は114,853人（2021年より23.3%増加）であり，そのうち日本語指導が必要な児童の割合は41.5%となっている。

ところが近年，海外にルーツを持つ子どもたちへの教育において次の問題点があげられている。1つ目の問題は，海外にルーツを持つ学齢期の子どもたちのうち1万人以上の子どもたちが学校に通っていない不就学であるという問題である（文部科学省，2022)。2つ目の問題は，特別支援学級に在籍する海外にルーツを持つ児童が近年増加傾向にあり，その中で障害でないのに特別支援教育の対象となっている，または支援が必要な子どもが特別支援教育の利用に至っていないという問題である（南野，2022)。2019年8月31日付の毎日新聞記事は，文部科学省が2017年に25市町に行った調査において，外国籍の子どもの5.37%（10,876人中584人）が特別支援学級に在籍しており，全児童生徒の在籍率2.54%（343,808人中8,725人）の2倍を超える割合になっていると報告している（毎日新聞，2019)。この理由について南野（2021）は，海外にルーツを持つ子どもに発達検査を日本語で実施しても，日本語力の不足により知的障害だと判定されている可能性があると指摘している。さらに海外にルーツを持つ保護者の中には，発達障害という概念が浸透しておらず「障害は前世の行いと関連している」ととらえる文化的背景を持っている人もいるために早期支援が実施されにくい状況があるとしている。したがって今後，そうした子どもたちへの支援に際しては，言語的，文化的背景を考慮したアセスメントツールの開発および現状把握のための研究知見の蓄積が必要になると考えられる。

以上のように海外にルーツを持つ発達障害児への支援は，子ども自身への支援のみならず，その親支援も重要な課題であると言えよう。その際は，親子の日本語支援や母語での支援のみならず，文化的背景にも十分配慮した支援を行っていく必要がある。

引用文献

足立匡基・高柳伸哉・吉田恵心ほか　2017　親の肯定的・否定的養育行動と発達障害児の向社会的行動および内在化・外在化問題との関連．発達研究，31，1-14．

Block, J. H. & Block. J.　1980　The role of ego-control and ego-resilience in the organization of behavior. In Colins, W. A. (Ed). *Development of cognition, affect and social relations : The Minnesota Symposia on Child Psychology*, 13, 39-101.

藤林清仁　2014　制度の変遷から考える支援―療育へ通うまでの相談の役割．子ども学研究論集，6，29-35．

畑　潮・小野寺敦子　2013　Ego-Resiliency 尺度（ER89）日本語版作成と信頼性・妥当性の検討．パーソナリティ研究，22(1)，37-47．

本田秀夫　2016　早期発見・早期療育・親支援はなぜ重要なのか？　本田秀夫(編著)　発達障害の早期発見・早期療育・親支援，金子書房，2-10．

本田浩子・斉藤恵美子　2016　発達障害者の親の負担感に関連する要因の検討．日本公衛誌，63(5)，252-259．

一瀬早百合　2016　障害のある子どもと保護者を支える早期療育―「障害児通所受給者証」に対する反応への認識に着目して．田園調布学園大学紀要，11，133-149．

北　洋輔・田中真理・菊池武剋　2008　発達障害児の非行行動発生にかかわる要因の研究動向―広汎性発達障害児と注意欠陥多動性障害児を中心にして．特殊教育学研究，46(3)，163-174．

厚生労働省　2021　障害児通所支援の在り方に関する検討会．　参考資料 4．

厚生労働省　2023　厚生労働省の取り組みについて（今後の仕事と育児・介護の両立支援に関する研究会第4回資料）．

毎日新聞　2019「外国籍は通常の２倍　特別支援学級在籍率　日本語できず知的障害と判定断か」８月31日付

Masten, A. S. & Reed M. G.　2002　Resilience in development. In Sder, C. R. & Lopez, S. J. (Eds.) *Handbook of positive psychology* (pp. 74-88). Oxford University Press : New York.

南野奈津子　2021　外国にルーツを持つ障害児および家族への支援に関する

海外文献レビュー．東洋大学大学院紀要，57，133-155．
南野奈津子　2022　外国にルーツをもつ子どもと発達障害について．日本発達障害連盟(編)　発達障害白書 2023年版．明石書店，p 70．
桃井真里子　2011　適切な育児と教育のために．教育と医学，59(1)，2-3．
文部科学省　2022　外国人児童生徒等教育の現状と課題．
内藤千尋・田部絢子・髙橋　智　2015　発達に困難を抱える子どもの非行（虞犯・触法・犯罪）の実態と支援の課題―少年鑑別所・少年院の職員への全国調査から．発達研究，29，189-194．
尾野明未・茂木俊彦　2011　障害児をもつ母親の子育てレジリエンスに関する研究．桜美林大学心理学研究科紀要「心理学研究」，2，67-77．
小野寺敦子　2008　ego-resilience が母親の養育態度に与える影響．目白大学心理学研究，4，25-34．
齊藤万比古　2014　思春期・青年期の発達障害者支援，二次障害への対応．公衆衛生，78(6)，392-395．
刀根洋子　2002　発達障害児の母親の QOL と育児ストレス―健常児の母親との比較．日本赤十字武蔵野短期大学紀要，15，17-23．
山根隆宏　2013　発達障害児・者をもつ親のストレッサー尺度の作成と信頼性・妥当性の検討．心理学研究，83(6)，556-565．

不登校・ひきこもりの子どものいる家族への支援

中地展生

はじめに

不登校やひきこもりの子どものいる家族を支援するアプローチの一つに，「親グループ」による援助がある。筆者とこのような親グループとの出会いについては以前少し書いたことがある（中地，2009）。もともと不登校の支援に興味があり，臨床心理学を学ぶために大学院に進学をしてしばらくして，新聞に不登校の親の会の案内を見つけたことがきっかけであった。早速，その会の代表者に電話をして，次の定例会に参加させてもらった。不登校の支援といえば子どもへのカウンセリングやプレイセラピーを想定していた筆者にとってはその視野を広げる貴重な体験となった。そして，この領域についての論文や本を調べていくと，先駆者ともいえる臨床心理士がいることがわかった。それが小野修先生である。先生はロジャーズの理論をもとにして，エンカウンター・グループを基本としながら不登校の親を支援する活動を長年続けられていた（小野，1986，1993，2000など）。

修士論文でもこのテーマを取り上げたいと考えていた頃に，ある学会で小野先生と話をする機会を得た。その後，実際に先生が実践をされていた香川県まで何度か足を運び，先生がファシリテーターをされている親グループに参加させていただくことができた。もう20年以上前のことであるが，直接，小野先生の実践されるグループを体験させていただいたことは，今でも筆者の臨床の一つの基礎となっている。

博士後期課程ではよりグループ・アプローチを専門に学ぶために九州大学に進学し，様々なグループ体験をすることができた。また，臨床現場で自分でも親グループを実践する機会を得て，親たちからも多くのことを学ばせていただいた。紆余曲折あって長い時間がかかってしまったが，野島一彦先生のご指導のもとで2012年に親グループに関する調査や実践を，「不登校児の親グループに関する臨床心理学的研究―家族システムの変化とグループによる援助効果を視野に入れたファシリテーション―」という博士論文にまとめることができた。本稿では，この博士論文のなかでも特に「親グループの援助効果」と「家族システムの変化」について取り上げ，「個人システム・家族システム・社会システム」という視点から親グループによる支援を考察する。なお，便宜上「親」と表現するが，特に筆者の研究の多くは「母親」を対象にしたものである。

1　親グループの援助効果

まず，不登校児の親グループがどのような変化や効果を親たちにもたらすのかを明らかにした研究を紹介したい。小野（2000）は自身の長年の臨床経験から親グループに存在する13の“援助要因”を特定している。それは，「孤立的不幸感からの解放」「自由で安全な雰囲気」「受容」「共感と理解」「カタルシス」「将来の展望―希望」「対人関係の学習」「他のメンバーを通しての自己理解」「他のメンバーの洞察などからの学習」「理解の変化への刺激」「行動の変化への刺激」「価値観の転換の見本」「情報・ガイダンス」である。

筆者は，このような親グループの援助要因が働いた結果，それぞれの親に生じる効果を“援助効果”と定義して全国的な質問紙調査を実施した。調査の概要は以下の通りである。先行研究や筆者の親グループ実践（中地，2007など），外部の親グループ代表者の意見などを踏まえて項目を収集し，臨床心理士３名による内容妥当性の検討を行い，合計51項目からなる質問紙を作成した。調査は2008年６～10月に実施し，全国43グループの参加者213名（女性195名，男性15名，不明３名／平均年齢49.17歳，*SD*＝6.14／グループへの平均参加年数4.90年，*SD*＝4.66）の有効回答をもとに，因子分析（主因子法，Promax 回転）を行い，信頼性や妥当性の検討を踏まえて，以下のような“援助効果”の全23項目５つの因子を明らかにした。

① 子どもとの関わり方の変化（α＝.89）

「いつも自分の物差しで子どもを見ていたことに気がついた」「子どもの学歴や成績にこだわってきた価値観を変えることができた」「子どもが自分で決めることに任せようと思うようになった」「子どもと適度な距離がとれるようになった」などの10項目である。グループの中でメンバーやファシリテーターとのやり取りを通して，親自身の自己理解や子ども理解，あるいは親子関係の理解が進むことで，子どもとの関わりが変化したことを表す項目が見られている。これはやはり子どもの不登校という共通する悩みを持つ親たちがグループに参加していることを考えれば，最も親グループの援助効果の特徴を表す因子といえる。

② 社会への積極的コミットメント（α＝.60）

「社会に不登校への理解を求めようと思うようになった」「学校に対して親としての自分の意見をちゃんと伝えられるようになった」の２項目である。親グループを一つの基盤として，社会に対してより積極的に働きかけたり，学校などへも自分の意見を伝えることができるようになったりするなどの変化を示すものである。

③ 情報取得（α＝.80）

「フリースクールや適応指導教室のような子どもの居場所についての情報を得ることができた」「他の学校の不登校の受け入れ体制について知ることができた」などの５項目である。親グループでは，親たちの体験に基づいた情報が話されてそれが共有されている。地域における様々な不登校に関する情報を得ることができていることがわかる。

④ 他のメンバーへの愛他的コミットメント（α＝.86）

「自分の乗り越えてきた体験を語り，他の親を助けてあげることができた」「自分の体験を話して，他の親の役に立つことができた」の２項目である。ある程度の回数を重ねたグループでは，先輩メンバーが後輩メンバーに自分の経験を語る場面が見られるようになる。このような愛他的な関わりを通して自己効力感の向上などにつながると考えられる。

⑤　メンバー自身の気持ちの安定（$\alpha = .78$）

「親も弱音を吐いていいんだと思えるようになった」「子どもの将来について希望や展望を持つことができた」などの４項目からなっている。同じ親同士であることから得られる気持ちの安定は，個人カウンセリングだけでは得がたいものであり，親たちのグループ参加の大きな動機づけになっていると考えられる。

以上，親グループの援助効果を概観したが，次に親グループと家族全体の変化の関連について見ていきたい。

2　家族システムの変化

母親が親グループに参加したことで，不登校児やその他の家族成員を含めた家族システムにどのような変化があるのだろうか。中地（2011）ではこの変化を明らかにするために，４か所の親グループの19名の母親（40代が12名，50代が７名／平均グループ参加年数は5.07年（$SD =$ 3.21））を対象として「家族イメージ法」（亀口，2000）を用いた調査を実施した。19名の母親には，それぞれに時期①：子どもが不登校をはじめたころ／時期②：親グループに入ったころ（３か月～６か月後ぐらい）／時期③：現在（調査時点）の３つの時期についての家族イメージの作成を依頼し，併せてインタビュー調査も行った。

今回は19名の詳細な分析は省略するが，時期③において両親連合および世代間境界の両方の達成が見られたのは７家族，両親連合のみ達成が４家族，世代間境界のみ達成が３家族，両方とも未達成が５家族であった。両方達成のうち，代表的な対象者としてAの作成した家族イメージとインタビュー結果を表に示す（シールの色の濃さによってパワー得点は１点～５点と点数化することができる）。時期①パワー得点：母親

表　Aの家族イメージとインタビューのまとめ

	夫婦関係	親子関係	家族イメージ
①不登校をはじめたころ	私には被害者意識があった。〈被害者意識？〉私一人のせいでこうなったんじゃない。夫は『お前が家にいて何をしてるんだ』と言っていた。〈関係は？〉結びつきは点線（弱い）。今もあんまり（笑）。夫婦の方向は，向き合っているわけじゃなくて，夫と責任のなすりつけ合いと言うか……私もあまり子育てに自信がなかったから，自分で判断するんじゃなくて，夫に「どうしたらいい？」とおうかがいを立ててた。	親もパニックになっていろんな相談機関に行っていた。家に二人の先生に連れに来てもらったりしたけど，逆効果でその後よけいに部屋に閉じこもってしまった。〈どんな思いを？〉そりゃあ責めました。責めたし，長女の人間関係の苦しさを私がわかってあげられなかった。（自分と長女のシールを指して）本人と同じ目線には立てていなかったです。〈同じ目線ではなくて〉はい。上から（長女を）眺めているような感じだった。	夫　A　次女　不登校児（長女）小5の3学期
②親グループに入ったころ	関係は点線（弱い）のまま。でも，夫の言うことに「いやそうじゃないでしょ」と言えるようになった。〈それはなぜ？〉やっぱり【B】で，色々なことを聞かせてもらって，別に私が間違った考えでもないし，私は私で女として，母親として当然こういう感情をもって当たり前だし，それは全然おかしくないという自信が出てきた。〈間違ったわけじゃない〉私が性格的にゆがみがあって，私だけの原因で子どもが不登校になったんじゃないとか。	少し私のほうからも歩み寄れた。〈どんな思いが？〉被害者意識とか責める気持ちがあったけど，【B】に来るようになってから，気持ちを理解してあげられなくてすまないと思うようになった。そうしたら当然いとおしさみたいなのが出てきて。〈それで距離が縮まった〉そう。【B】で親が一方的に自分の考えを押しつけるんじゃなくて，まずは長女に合わせてあげることが基本ということを教えてもらって，だんだんそれができるようになってきた。	夫　A　次女　不登校児（長女）中1の1学期
③現在	〈家族全体は？〉だいぶまとまってきた感じ。お互いがお互いを思いやることができてきた。夫との関係も点線（弱い）から普通の結びつきにはなってきた。今後は夫婦関係が課題だと思う。以前は子育ての方針がズレていたけど，長女の不登校をきっかけに，やっと同じ方向を向いてきた。これからは，つかず離れずほどよい距離でやっていけたらいいなと思っている。	長女に対しては，ある意味ではあきらめてあげることが大事だと思う。〈あきらめてあげることが〉ふふふ（笑）。期待をしていない訳じゃないけど，やっぱり親の思うとおりにしたいというのがあって，それでは駄目なんだということを学んだ。〈長女は元気に〉はい。自分のカラーというか考えがどんどん言えるようになってお互いを認められるようになってきた。	夫　A　次女　不登校児（長女）高1

注1）　この表は中地（2011）の表を再構成したものである。
注2）　文中の〈　〉は筆者の発言であり，【B】は親グループの略。
注3）　親グループの体験がAに影響を与えたと考えられる部分はアンダーラインで提示した。
注4）　シール間は3種類の線（太線：強い／実線：普通／点線：弱い）で結びつきの強さを表現している。

(A) 3点，夫5点，不登校児（長女；小5の3学期）2点，次女1点／時期②同：母親(A) 5点，夫5点，不登校児（長女；中1の1学期）2点，次女1点／時期③同：母親(A) 4点，夫4点，不登校児（長女；定時制高校1年生）5点，次女3点であった。時期①では，夫に比べて，Aや子どもたちのパワーも弱く，夫婦関係は「責任のなすりつけ合い」のような関係であり，親子関係では「本人と同じ目線には立てない」という状況であった。時期②では，親グループでの体験から，A自身のパワーが回復し，自分や子どもに対する考え方も変化したことが語られている。長女との距離は密接になり，夫にも言い返せるようになった。しかし夫婦関係は依然として距離が離れており，その関係は弱いままであった。時期③では，両親連合や世代間境界が達成されていることがわかる。夫婦関係に「課題」を残しつつも，子どもたちのパワーの回復も含めて新たな家族のあり方をつくることができたといえる。

他の母親のインタビュー結果も踏まえると，時期①では多くの母親から家族の中の「悪循環」が語られていた。たとえば，「子どもの不登校」がはじまる→「母親の混乱・不安」→「母親の過剰反応」→「子どもの不安・焦燥感」の増加→「子どもの不登校」がさらに維持される……というものである。ここに夫の無理解（場合によっては舅・姑からの圧力なども）が加わり母親自身も家族成員間の複雑で大きなうねりに巻き込まれてしまっている状態である。Aの場合は，時期②での親グループでの体験を通して，この悪循環の一部である「母親の混乱・不安」が落ち着き，その先の「母親の過剰反応」につながる矢印を断つことができ，そして，それが時期③の家族システムの再構築につながったと考えられる。下村（1993）は，ベイトソン（Bateson, 1972；佐藤(訳) 1990）のサイバネティクス研究などから，家族システムに生じる「ゆらぎ」を繰り返す「波打つような動き」を「変化の種を宿しながらも試行錯誤を続けている状態」と指摘する。不登校児の家族システムに見られるこのような「悪循環」を「ゆらぎ」と捉えれば，この「ゆらぎ」の中には苦しみの中からその家族システムを新たな段階へと進める変化の可能性が宿っているとも見ることができる。そして，親グループで得られる様々な援助効果がこの「変化の種」が発芽することを支援しているともいえるのではないだろうか。

3　個人システム・家族システム・社会システム

不登校やひきこもりの子どものいる家族は，斎藤（1998）の「ひきこもりシステム」と呼ぶものに近い状態であることが多い。健常なシステムは，図1のように，個人（システム）・家族（システム）・社会（システム）が何らかの接点を持っている状態である。一方，ひきこもりシステムは図2のように，個人，家族，社会それぞれのシステムが乖離している状態である。

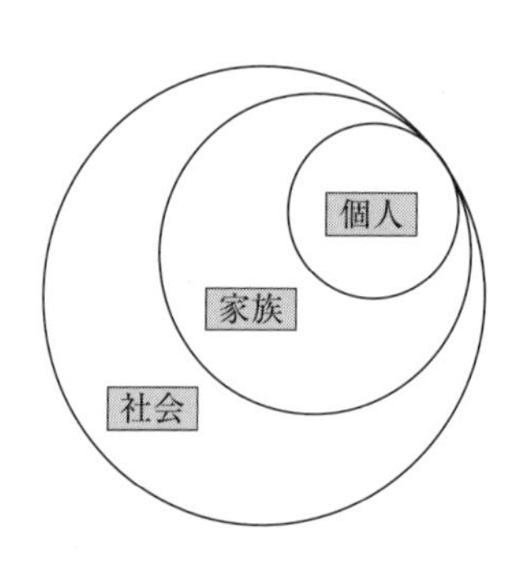

図1　健常なシステム

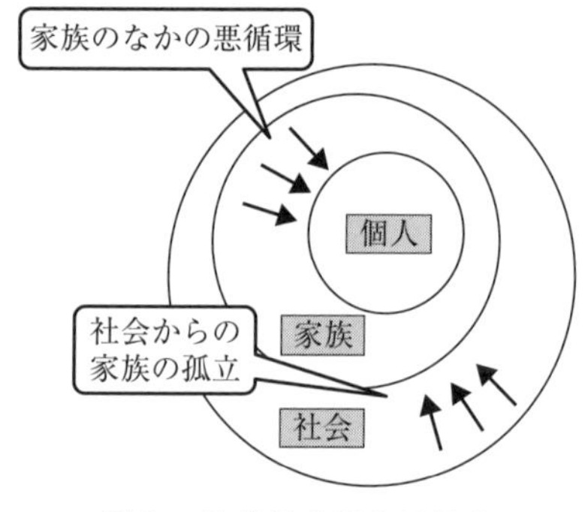

図2　ひきこもりシステム

たとえば，不登校児は部屋に閉じこもり，家族自体も世間体などを気にして地域社会から孤立した状態などがこれに相当する。

不登校やひきこもりケースでは当事者が相談機関まで来談することが困難であることも珍しくない。そのような場合，家族の中で動くことができて，相談機関にまずつながることができる人（日本の場合，それは

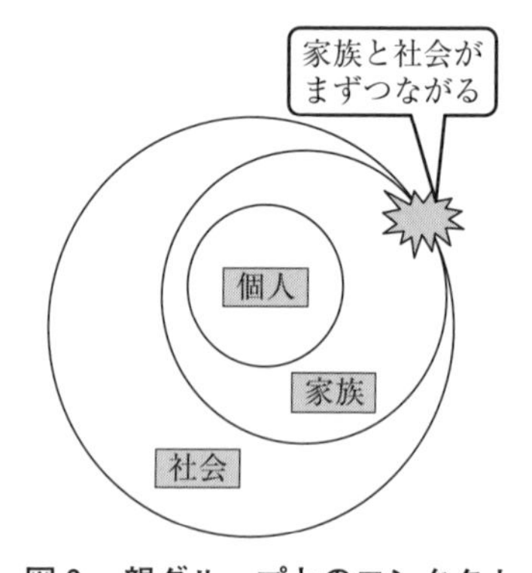

図3　親グループとのコンタクト

注）図1～3は斎藤（1998）を参考に筆者が作成したものである。

母親であることが多い）を支えることが重要である。その意味では，親グループはまず家族と社会を“つなぎ”，グループでの体験を通して，参加した親だけでなく不登校児を含めた家族全体の変化を促すことができる支援であるといえる。

おわりに

今回は，紙面の都合上ファシリテーションについての部分を割愛した。また，日本家族心理学会第39回大会の準備委員会企画シンポジウムでも重要なテーマとなったが，不登校やひきこもりの支援を考えるうえで，「家族主義」に対する反省的視点は必要である。家族にだけすべての責任を背負わせるのではなく，個人や社会へのアプローチも並行して検討していく姿勢が支援者には求められる。筆者自身は最近，30代，40代以降も続くひきこもりの支援に関心を持っている。筆者が博士論文を書いて10年が経つ。この原稿の執筆を依頼されて，久しぶりに記憶の中にある小野先生と対話をしながら，改めてこれまでの自分の研究を振り返ることができた。このような場をいただき感謝したい。

文　献

Bateson, G.　1972　*Steps to an ecology of mind.* Harper & Row, Publishers Inc.［佐藤良明(訳)　1990　精神の生態学．思索社.］

亀口憲治　2000　家族イメージ法．福西勇夫・菊池道子(編)　現代のエスプリ390　心の病の治療と描画法．至文堂.

中地展生　2007　公立の教育相談機関における不登校児の母親へのグループ・アプローチ．心理臨床学研究，25(1)，49-59.

中地展生　2009　不登校児の母親へのサポート・グループの実際．高松　里(編)　サポート・グループの実践と展開．金剛出版.

中地展生　2011　不登校児の親グループに参加した母親からみた家族システムの変化に関する実証的研究．心理臨床学研究，29(3)，281-292.

小野　修　1986　登校拒否児の治療―親のグループ・セラピイによる治療経験より得たもの．人間性心理学研究，4，65-71.

小野　修　1993　不登校児の親の変化過程仮説―パーソンセンタード・アプローチ．心理臨床学研究，10(3)，17-27.

小野　修　2000　子どもとともに成長する不登校児の「親のグループ」―ファ

シリテイターのためのマニュアル．黎明書房．
斎藤　環　1998　社会的ひきこもり―終わらない思春期．PHP 研究所．
下村陽一　1993　家族システムの変容に果たすコミュニケーションの役割―「セカンド・サイバネティクス」に基づく一考察．日本家族心理学会(編) 家族心理学年報11　家族とコミュニケーション．金子書房．

ヤングケアラーの子どもと家族への支援

渡邉照美

1　ヤングケアラーとは

(1)　大学生介護者との出会い

筆者は大学院生時代，家族を介護して看取った経験のある成人期以降の方のその後の人生について研究を行っていた。大学に職を得て講義をする際，自己紹介として，それらの研究を紹介すると，講義後，毎回きまって数人が私のところにやってきて，「話してもいいんですね」や「障害のある父の病院に付き添うことがあるので，遅刻早退するかもしれません」と自分も家族の介護をしていると話してくれる。そのような大学生と関わる中で，筆者は若年層にも介護している人がいることを知った。実際に，病気の母親を介護していた学生は，就職先も自宅から通勤できるところを選択したり，就職はしたものの，介護と仕事の両立は容易ではなく，休職，退職というような状況になったりと，若くして介護者になることで，その人生が大きく左右されることを経験的に理解した。そこで，関連する研究を調べる中で「ヤングケアラー」という概念があることを知ったのである。

⑵ ヤングケアラーの定義とケア内容

世界に先駆けて「ヤングケアラー」に注目したのは，イギリスであり，1980年代末から研究と支援が行われている。日本では2000年代頃にイギリスの調査を報告する形で研究が開始された（三富，2000：柴崎，2005）。そして2014年頃からはメディアでもとりあげられ，徐々にその存在が知られるようになったとされる（澁谷，2022）。

日本において，ヤングケアラーとは，「一般的には家族にケアを要する人がいる場合に，大人が担うようなケア責任を引き受け，家事や家族の世話，介護，感情面のサポートなどを行っている18歳未満の子ども」（澁谷，2018，p. 2）を指す。一般社団法人日本ケアラー連盟のHP（carersjapan.com/about-carer/young-carer）では，具体的なケア内容として，下記をあげている（番号については筆者が加筆）。

① 障がいや病気のある家族に代わり，買い物・料理・掃除・洗濯などの家事をしている
② 家族に代わり，幼いきょうだいの世話をしている
③ 障がいや病気のあるきょうだいの世話や見守りをしている
④ 目を離せない家族の見守りや声かけなどの気づかいをしている
⑤ 日本語が第一言語でない家族や障がいのある家族のために通訳をしている
⑥ 家計を支えるために労働をして，障がいや病気のある家族を助けている
⑦ アルコール・薬物・ギャンブル問題を抱える家族に対応している
⑧ がん・難病・精神疾患など慢性的な病気の家族の看病をしている
⑨ 障がいや病気のある家族の身の回りの世話をしている
⑩ 障がいや病気のある家族の入浴やトイレの介助をしている

例えば⑨や⑩などは，従来の高齢者の家族介護において一般的な身辺の介助・介護であるので，イメージしやすいかもしれない。しかし，①の家事や②の幼いきょうだいの世話などについては，一般的にはお手伝いと考えられることもある。そして，「ケア」の意味には世話をするということだけでなく，心づかいや配慮も含まれており，上記④のように

「気づかいをしている」こともケア内容となる。つまり，かなり広範な概念であり，それゆえに，家族で生活している中で，どこまでが家族役割として適切とされるケアの範疇なのかという線引きが難しい。

(3) 全国規模の調査からみるヤングケアラーの実態

ヤングケアラーは，自分自身がケアラーであると認識して（できて）いないことが多い。また，主たるケアラーとしてケアを行うこともあるが，親や祖父母といった大人を助ける形でケアを行うことが多く，日本での実態把握は困難とされていた（毎日新聞取材班，2021）。

全国規模での実態把握を行ったのは2020年末頃から2021年にかけて実施された中学生と高校生への調査が初めてであった（三菱 UFJ リサーチ＆コンサルティング，2021）。その調査結果では，中学２年生では5.7％（17人に１人），全日制高校２年生は4.1％（24人に１人），定時制高校２年生相当は8.5％（12人に１人）が家族のケアをしていることが明らかにされた。世話をしている相手は，いずれの学校種でも「きょうだい」の割合が最も高く約４～６割であった。その翌年には，小学生と大学生を対象に調査が実施された（日本総合研究所，2022）。その結果，家族の世話をしていると回答した小学６年生は6.5％で，そのうち，「就学前から世話をしている」が17.3％，「低学年のうちから世話をしている」が30.9％であり，低年齢からケアラーとして生活している子どもたちが存在することが明らかとなった。また，世話を必要としている家族は，「きょうだい」が最も多く71.0％，次いで「母親」が19.8％であった。大学３年生への調査では，世話の必要な家族が「現在いる」が6.2％，「現在はいないが，過去にいた」が4.0％，ヤングケアラーに「現在あてはまる」は2.9％という回答が得られた。世話を必要としている家族については，小中高の調査と異なり，「母親」の割合が最も高く35.4％，次いで「祖母」32.8％，「きょうだい」26.5％であった。また，家族の世話をしている大学生のうち，精神的なきつさを感じている割合が37.1％，将来については約50％が就職に関し何らかの不安があると回答していた。

ヤングケアラーは18歳未満の子どもとされているが，多くの場合，18歳になればケアラー役割を終了する（できる）わけではない。その後も継続してケアを担い，ヤングケアラーから若者ケアラーとなるのである。ヤングケアラーに注目が集まっているが，その後の人生も含めた生涯にわたるケアラーの実態にも注目していく必要がある。

ところで，ヤングケアラーについて話をする時，しばしば言われるのは，「昔は子どもが幼いきょうだいの世話をするのはあたりまえだった」や「家族が家族の手伝いをするのは家族の役割なのに何が問題なのか」ということである。確かに，そうであろう。しかし，それではなぜ，ヤングケアラーが近年，注目されているのだろうか。次節では，日本の社会・家族構造との関係からヤングケアラーが注目される理由を考えたい。

2　ヤングケアラーをうむ社会・家族構造の変化

村上（2022）は，近年，ヤングケアラーが注目される理由として，3点を指摘している。1点目は，学ぶ権利や遊ぶ権利といった子どもの権利が社会で（多少なりとも）共有されてきたこと，2点目は，社会がケアを家族の自己責任へと押し付けていること，3点目は，地域社会の紐帯が弱くなり，ケアを担う子どもが周りのサポートを受けられずに孤立しやすくなっていることである。

まず1点目の子どもの権利についてである。1989年の第44回国連総会において採択された「児童の権利に関する条約（子どもの権利条約）」では，18歳未満のすべての子どもたちに，自らが権利を持つ主体であることが約束された。また子どもが大人と同様にひとりの人間として持つ様々な権利を認めるとともに，成長の過程にあって保護や配慮が必要な子どもならではの権利も定められた。ヤングケアラーに関連する権利としては，「第2条 差別の禁止」，「第12条 意見を表す権利」，「第17条 適切な情報の入手」，「第26条 社会保障を受ける権利」，「第28条 教育を受ける権利」，「第31条 休み，遊ぶ権利」などがあげられるだろう。1994年に日本でも批准されたことで，子どもの権利を尊重することを社会が認識し，以前では家族のお手伝いをよくするいい子として，社会から問題とみなされなかった層が，子どもの権利という視点から捉え直されたとき，ヤングケアラーとしてクローズアップされるようになったのである。

２点目の家族構造について，我が国の少子高齢化は自明であるが，表に示したとおり，世帯人員数は約70年間で半数以下になった一方，共働き世帯は40年間で約２倍となり，世帯にいる大人のほとんどが働いていることが示唆される。ひとり親家庭についても，特に母子家庭世帯の増加は著しい。また，認知症や統合失調症，気分（感情）障害（躁うつ病を含む）といった精神疾患を有する総患者数（入院・外来患者数合計）の推移をみると，2002年258.4万人に対し，2017年419.3万人と15年間で160万人程度増加している。その中でも入院患者数は減少しているが，外来患者数は165万人増加となっており，それに伴い，在宅で精神疾患のある人をケアしているケアラーも増加していることが推測される。つまり，40年ほど前は，世帯人員も多く，家族の誰かにケアが必要になったとき，ケア役割を担える家族成員がいたが，現代では年齢を問わず，仕事も家庭もという多重役割を担いながら，ケアに関わらざるをえない時代に突入しているのである。

表　ヤングケアラーに関連する社会・家族構造の変化

平均世帯人員（厚生労働省，2022a）			
1953（昭和28）年	5.00人	2021（令和３）年	2.37人
共働き世帯（厚生労働省，2021）			
1980（昭和55）年	614万世帯	2020（令和２）年	1,240万世帯
ひとり親家庭世帯（厚生労働省，2016，2022ｂ）			
1983（昭和53）年	母子 71.8万世帯	2021（令和3）年	母子119.5万世帯
	父子 16.7万世帯		父子 14.9万世帯
精神疾患患者数（厚生労働省，2022ｃ）			
2002（平成14）年	入院 34.5万人	2017（平成29）年	入院 30.2万人
	外来223.9万人		外来389.1万人

３点目の地域コミュニティの希薄化についてである。地域での付き合いの程度について，2002年の社会意識に関する世論調査（内閣府，

2003）と2022年の同調査（内閣府，2023）を比較すると，「付き合っている」（「よく付き合っている」+「ある程度付き合っている」）は69.5％から55.1％に減少，「付き合っていない」（「あまり付き合っていない」+「全く付き合っていない」）は30.1％から43.4％に増加している。それでは，地域での付き合いは必要ないと考えているのかというと，「必要ない」という割合は1.9％から1.5％とわずかではあるが減少している。つまり，地域でのつながりは必要だと思っているが，実際はつながりが希薄化していると推測できる。

ヤングケアラーとその家族にとって，地域のつながりがいかに重要かの実際については，『「ヤングケアラー」とは誰か―家族を“気づかう”子どもたちの孤立』（村上，2022）をご一読いただきたいが，その中では，大阪市西成区の「こどもの里」を中心とするコミュニティが紹介されている。この「こどもの里」は，貧困やヤングケアラー支援のために作られたのではなく，子どもたちに健全で自由な遊び場を提供することを目的に40年ほど前に設立された施設である。村上（2022）が指摘するように，「貧困」や「障害」といったくくりをすることなく，もともと子どもが自然に遊びに行けて安心できる遊び場や居場所があって，その場所で大人が何らかのニーズや潜在的なSOSをキャッチしサポートするという構図が重要と言える。しかし，多くの地域では，つながりの希薄化により，互助機能が働かず，ヤングケアラーとその家族が地域から孤立することにつながるのである。

3　ヤングケアラーであることは問題なのか

「ヤングケアラー」という言葉が浸透してくると，今度は，ヤングケアラーである子どもはかわいそうな存在であり，家族をケアすることによって，人生にマイナスな影響のみがあるように捉えられることがある。そして，ケアラーにさせている親や家族を責めるといった構図がうまれ，ますます当事者と家族は外につながりを求めにくくなる。ヤングケアラーであることは問題なのだろうか。

神戸市では，2019年10月に当時21歳の元幼稚園教諭の女性が，仕事と介護の両立に悩み，自宅で介護中の祖母を殺害した事件を受けて，2021年６月に全国初の「こども・若者ケアラー相談・支援窓口」を，同年10月からは当事者同士が交流や情報交換できる場を開設している。神戸市福祉局が作成している市民向けのパンフレット（https:/www.city.kobe.le.jp/documents/43292/r5keisaiyou.pdf）の冒頭には，「子どもや若者が家族をケアしているということ自体が，全て問題だということではありません。重要なのは，『ヤングケアラーの中には，子どもとして守られるべき権利が侵害されていたり，誰にも相談できずに抱え込んでしまっている場合があること』や『気づかないうちに，周囲の人がその言動でヤングケアラーを追い詰めたり傷つけてしまっている可能性があるということ』について，まず，理解・認識することです」（p. 2）と記載されている。

つまり，子どもが家族をケアしているということ自体が問題であるのではなく，子どもの権利が守られていないケースがあること，そして周囲の無理解が問題であると提起しているのである。大人は，家族をケアしている子どもに出会うと，つい「すごいね」「えらいね」と賞賛してしまう。筆者が出会ったヤングケアラーの中で「小学生の頃は，ほめられるのがすごくうれしかったけど，でも，それは，どんな時も『いい子』でいなくちゃという足枷になっていました。今でもやっぱり『自分』を出すと，私の存在は認められないのかなと思う自分がいます」と語った大学生がいたが，悪意のない賞賛が子どもを傷つけることがある。また「子どもにお世話させて，ほかの家族や親戚の人は何をしているの？」といったような言葉で傷つくこともある。ヤングケアラーとその家族を自己責任と社会が責めることなく，ケアする人もケアされる人もケアされる必要があることを誰もが再認識することが重要であると言える。

4　ヤングケアラー支援で大切にしたいこと

これまでヤングケアラーの実態やその背景について述べてきたが，最後にヤングケアラー支援で大切にしたいことをまとめたい。

①　ケアラーの「日常」と個別性の尊重

ケアすることが，子どもの「生きがい」や「アイデンティティ」になっている場合もあるので，ケアする権利もケアしない権利もあることを説明した上で，状況を把握し，本人はどうしたいのかをともに考える。ケアラー以外の自分でいられる場所・人の存在（例：学校）があるかどうかも確認する。また，例えば，ケアをしている相手が障害のあるきょうだいであったとしても，出生順位やきょうだいとの年齢差，障害種，家族機能が機能しているかどうか等によって，個別性の高い経験であることを周囲が理解しようと努め，一律な支援にならないよう留意する。

②　実際のケア負担の軽減

子どもの話をあるがままに受け止め，気持ちに寄り添うことは支援の第一歩であるが，それだけでは日々のケア負担を軽減することにはつながらない。ケアをしている相手が医療や福祉につながっているのか，使える制度はほかにないのか等，子どもだけでは対応が難しい場面も多いため，大人が一歩踏み込んで，手続き等の対応をすることも重要だろう。

③　正確な情報の伝達

ヤングケアラーであった当事者に当時必要だった支援を尋ねると，「ケアをしている相手の病気や障害の情報と対応方法を説明してほしかった」という答えがしばしば返ってくる。「お母さんは統合失調症だから，心が安定しないときがあって，急に怒り出すのは○○さんのことが嫌いだからじゃなくて，病気だからなんだよ」と専門家から教えてもらったことで「安心した」と話したヤングケアラーもいた。家族だから詳しく説明をしなくてもわかるだろう，子どもだから説明をしないほうがいいだろうと決めつけるのではなく，発達段階を踏まえた上で，正確な情報や状況を伝えることが，ヤングケアラー支援につながると考える。

「ヤングケアラー」は新しいテーマだと思われがちだが，研究を進めていくと，家族心理学領域において，決して新しいテーマではないことに気づく。アルコール依存症の家族の中で育ったアダルトチルドレンやネグレクト，家族の貧困，外国にルーツのある家族，きょうだい児問題等と密接に関係しているのである。それらが複合的に絡み合い，新たなラベルとして認識されたのが「ヤングケアラー」と言える。つまり，これまでの家族心理学で得られた知見がヤングケアラーを支える際に大いに役立つのである。ケアなしに人は生きていくことはできない。この古くて新しい「ヤングケアラー」の問題を全世代の誰もが身近な問題として考え続けることが望まれる。

文　献

一般社団法人日本ケアラー連盟．ヤングケアラーとは．
https://carersjapan.com/about-carer/young-carer/ （2023/03/05取得）．

神戸市福祉局　市民のみなさまに知っていただきたい　こども・若者ケアラー（ヤングケアラー）のこと
chrome-extension: //efaidnbmnnnibpcajpcglclefindmkaj/https: //www. city. kobe.lg.jp/documents/43292/r5keisaiyou.pdf（2023/07/04取得）．

厚生労働省　2016　平成10年度全国母子世帯等調査．
https://www.e-stat.go.jp/stat-search/files?tclass=000001018160&cycle=8&year=19981（2023/07/04取得）．

厚生労働省　2021　令和３年版厚生労働白書―新型コロナウイルス感染症と社会保障図表1-1-3共働き等世帯数の年次推移．
https://www.mhlw.go.jp/stf/wp/hakusyo/kousei/20/backdata/1-1-3.html（2023/03/05取得）．

厚生労働省　2022a　2021（令和３）年国民生活基礎調査の概況．
https://www.mhlw.go.jp/toukei/saikin/hw/k-tyosa/k-tyosa21/index.html（2023/03/05取得）．

厚生労働省　2022b　令和３年度全国ひとり親世帯等調査結果報告．
https://www.mhlw.go.jp/stf/seisakunitsuite/bunya/0000188147_00013.html（2023/03/05取得）．

厚生労働省　2022c　地域で安心して暮らせる精神保健医療福祉体制の実現に向けた検討会　第13回（令和４年６月９日）参考資料１
https://www.mhlw.go.jp/content/12200000/000940708.pdf（2023/07/04取得）．

毎日新聞取材班　2021　ヤングケアラー―介護する子どもたち．毎日新聞出版．
三富紀敬　2000　イギリスの在宅介護者．ミネルヴァ書房．
三菱 UFJ リサーチ＆コンサルティング　2021　令和２年度 子ども・子育て支援推進調査研究事業　ヤングケアラーの実態に関する調査研究．
chrome-extension://efaidnbmnnnibpcajpcglclefindmkaj/https://www.murc.jp/wp-content/uploads/2021/04/koukai_210412_7.pdf（2023/07/04取得）.
村上靖彦　2022　「ヤングケアラー」とは誰か―家族を“気づかう”子どもたちの孤立．朝日新聞出版．
内閣府　2003　平成14年度社会意識に関する世論調査．
https://survey.gov-online.go.jp/h14/h14-shakai/index.html（2023/03/05取得）.
内閣府　2023　令和４年度 社会意識に関する世論調査．
https://survey.gov-online.go.jp/r04/r04-shakai/index.html（2023/07/04取得）.
日本総合研究所　2022　令和３年度子ども・子育て支援推進調査研究事業　ヤングケアラーの実態に関する調査研究．
https://www.jri.co.jp/page.jsp?id=102439（2023/07/04取得）.
柴崎智恵子　2005　家族ケアを担う児童の生活に関する基礎的研究―イギリスの“Young Carers”調査報告書を中心に．人間福祉研究，8，125-143.
澁谷智子　2018　ヤングケアラー―介護を担う子ども・若者の現実．中央公論新社．
澁谷智子　2022　ヤングケアラーってなんだろう．筑摩書房．

性的マイノリティ・カップルと その子どもへの支援

宇都宮　博

はじめに

“一度結婚したら，生涯添い遂げるべきである”との，「永続性の観念」は，次第に弱まりつつある印象をもっているが，昨今の新型コロナウィルスの長期的流行も含め，社会の状況によって離婚を望みながらも容易に実行に移せない（思いとどまらせる）バリアーの存在が指摘されている。すなわち，結婚生活が続く背景は，個々人やカップルによって大きく異なるため，関係の持続性が二人の仲の良好さや相互に適応状態にあることを必ずしも意味していない。

そうした中，非婚化や人生後半期で離婚する割合の高さから，成人期の親密かつ持続的なパートナーシップをとらえる上で既存の夫婦という結びつきだけでは，現実をとらえることが困難な状況に来ているように思われる。とりわけ世界的規模でのSDGsの高まりによって，我が国でも多くの人々が性的マイノリティに関心を向けつつある。本稿では，性的マイノリティ，とくに同性カップルによる子育てと子どもの発達，さらには心理的支援の課題を中心に論じてみたい。

1　性的マイノリティの多様なかたち

ここで性的マイノリティをとらえる枠組みについて簡単に整理しておく。セクシュアリティの問題について議論する際，大きく４つの側面に着目する必要があるといわれている。１つ目は，恋愛感情や性的魅力がどのような対象に向けられるかという「性的指向（Sexual Orientation）」である。２つ目は，本人が自らの性をめぐるありかたをどのように考えるかの「性自認（Gender Identity）」である。３つ目は，ファッションや言動などを通して自身の性をあらわす「性表現（Gender Expression）」である。そして最後は，生得的に備わっている生物学的，解剖学的な「性的特徴（Sex Characteristics）」である。

このうち，「性的指向」と「性自認」の組み合わせから「SOGI」（Sexual Orientation & Gender Identity）という言葉が最近ではよく用いられているが，これらに残りの２つも含めて「SOGIESC」という言葉もある。これらの概念は，性をめぐる包括的なあり方にかかわることから，性的マイノリティに該当する人々にだけでなく，すべての者のセクシュアリティを対象としている点で注目される。

性的マイノリティの分類については，現在も議論されているところであるが，すでに一般的に知られるところとなったLGBTは，レズビアン（Lesbian），ゲイ（Gay），バイセクシュアル（Bisexual），トランスジェンダー（Transgender）の総称である。これにQ（Questioning, Queer）をつけて「LGBTQ」やI（Intersex），A（Asexual/Aromantic, Agender），さらに＋（多様な性，名もなき性的マイノリティの存在）を追加した「LGBTQIA＋」という用語もみられる。

我が国の性的マイノリティの人々の実態については，未だ十分に明らかとなっておらず，該当者の占める割合についても調査によって異なる傾向がみられる。そうした中，大阪市で実施された無作為抽出による大規模調査（釜野ら，2019）によると，「性的指向」では，「ゲイ・レズビアン・同性愛者」0.7％，「バイセクシュアル・両性愛者」1.4％，誰に対しても性愛感情を抱かない「アセクシュアル・無性愛者」0.8%,「決めたくない・決めていない」5.2%という分布が示されている。さらに「性自認」においては,「トランスジェンダー」に該当する者が全体の0.7%を占めていた。

この調査では，同市がLGBTなどの性的マイノリティにかかわる各種取り組みを推進することについて尋ねられており，回答者の85%以上がこれを支持していた(「賛成」と「やや賛成」を含む)。性的マイノリティの理解度については，ホンネとタテマエや，自分の身内か否かの条件等によっても態度が異なる可能性があり，また図の年代差のように基

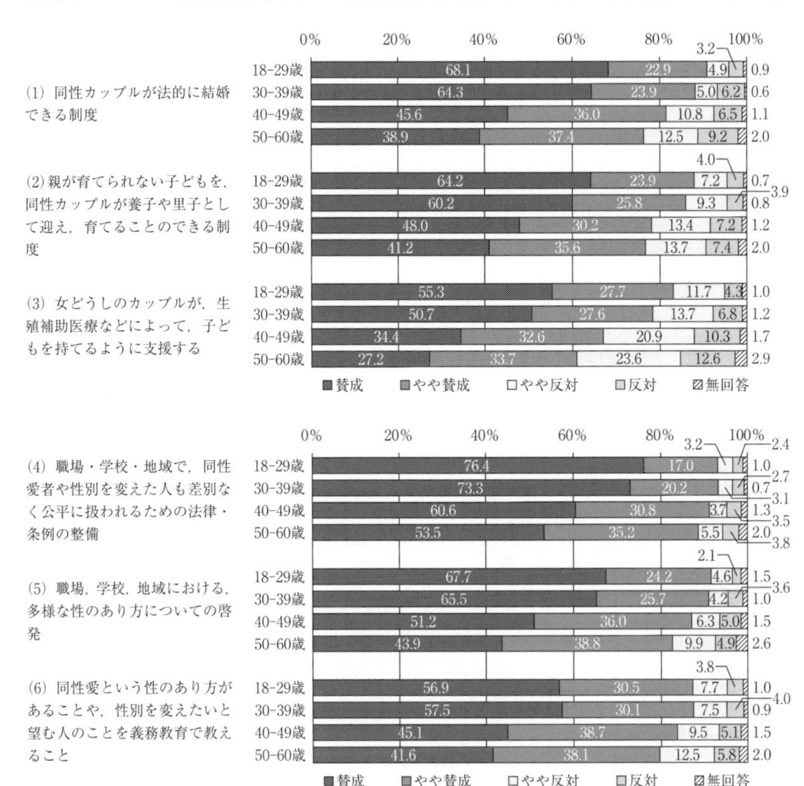

[18-29歳 n=678, 30-39歳 n=1,021, 40-49歳 n=1,229, 50-60歳 n=1,274]

図　年齢別にみた，性の多様性にかかわる制度についての考え方の分布
(釜野ら，2019)

本的な属性によっても異なる傾向がうかがわれる（釜野ら，2019）。そのため，慎重かつきめ細やかな解釈が求められるが，国や地方自治体の施策等によって今後も多様化をめぐる議論と理解は深まっていくものと考えられる。

2　性的マイノリティの人々にとっての「親になること」

NHK が2015年に実施した LGBT の当事者アンケートによると，対象者の凡そ半数（47.6%）にパートナーがおり，同居している者が45.4%，同居していない者が53.5%であった（残りは無回答）。また，子どもの有無と希望について４つの選択肢で尋ねた結果，「いる」（5.6%），「いない」（30.6%），「いないが欲しい」（35.9%），「いないし，欲しくない」（27.9%）となっていた。年代や所得等の要因によって異なる可能性はあるが，「いる」と「いないが欲しい」を含めると，４割の者がすでに親役割に関与してる，もしくはいずれ関与することを望んでいることがうかがわれる（NHK・LGBT 法連合会，2015）。

表　同性カップルの出産・子育ての方法に関する整理の試み

（砂川，2009）

<table>
<tr><th colspan="2"></th><th>出産関係</th><th>遺伝的関係</th><th>法的関係</th></tr>
<tr><td colspan="2">ドナー授精による出産
（レズビアン）</td><td>カップルのいずれかが出産</td><td>基本的に，出産する女性と遺伝的つながり</td><td>出産した女性の子 or カップルの子</td></tr>
<tr><td colspan="2">精子を提供し代理出産
（ゲイ）</td><td>代理母が出産</td><td>精子を提供した側と遺伝的なつながり</td><td>どちらかの子 or カップルの子</td></tr>
<tr><td rowspan="2">「連れ子」</td><td>レズビアン</td><td>どちらかが出産</td><td rowspan="2">基本的に，どちらかと遺伝的つながり</td><td rowspan="2">もともとの親の子 or カップルの子</td></tr>
<tr><td>ゲイ</td><td>どちらかの元妻が出産</td></tr>
<tr><td colspan="2">養子</td><td>いずれもなし</td><td>いずれもなし（例外：親族関係にある子を養子に）</td><td>一方の養子になる or カップルの養子となる</td></tr>
<tr><td colspan="2">里親・里子</td><td>いずれもなし</td><td>いずれもなし（例外：親族関係にある子を里子に）</td><td>親子関係なし</td></tr>
</table>

同性カップルが親になるにあたっては，表に示す通り，タイプによってその経路や位置づけが異なることが指摘されている（砂川，2009）。ただ，不妊治療やステップ・ファミリーをめぐっては，同性カップルに限られるものでなく，夫婦を含む異性カップルにおいても共有されている問題と考えられる。では，同性カップルと異性カップルとで子育てや子どもへの発達的影響に何らかの違いが生じるのであろうか。そこで性的マイノリティの中でも，レズビアンならびにゲイのカップルを中心に，彼らの親役割のあり方や子どもの発達をめぐる問題について考えていくこととする。

3　同性カップルにおけるペアレンティングと子どもの発達

我が国において，同性愛に関する研究は漸増傾向にあるが，高藤・岡本（2017）のレビューによると，主に社会学，文学などで多く，心理学の枠組みによる研究は乏しい。また，その内容をみると①同性愛やカミングアウトに対する異性愛者の態度研究と，②当事者を対象とした当事者の抱える困難さに関する研究に大別され，本テーマで取り上げることが可能な状況にはないことがわかる。そこで，ここでは欧米の研究の知見を紹介していく。

この領域の研究については，実態を反映してレズビアンを対象としたものが多数を占め，ゲイに関する研究が相対的に少ない点をふまえておく必要がある。同性カップルの家族は，異性のそれとかわりなく温和で養育的な環境のもとに子どもが生活しているとともに，その子どもの心理的適応性の高さが示されている。例えば，レズビアン，ゲイ，異性愛のカップルとその養子として迎えられた幼児期，児童期の子どもの研究（Golombok et al., 2013）によると，カップルに育てられるようになって１年以上が経過していた時点において，３群の親はいずれも概して温かく，応答性の高さを特徴とする肯定的な親子関係が認められている。また，親がレズビアンあるいはゲイである家族で養育を受けた子どもの心理的ウェルビーイングの高さが確認されている（Golombok & Tasker,

2015)。これは，養子の親となることを決断したレズビアンやゲイの人々が，高いペアレンティング・スキルを有していること（Ryan, 2007）が関係しているのかもしれない。

子どもの適応性をめぐっては，生殖補助医療技術（非配偶者間人工授精）で授かった子どもをもつ家族の比較研究でも検討されている。例えばチャンら（Chan et al., 1998）では，学童期を迎えた子どもの心理的適応が，シングル・ペアレント，レズビアンのカップル，異性愛の家族で違いがみられず，親の性的指向によって規定されていないことが報告されている。

その一方で，結婚やシビル・ユニオンを選択しない同性カップルの間では，離別率の高さが指摘されており，そうした関係の不安定性は留意すべき要因と考えられる。ただし，この点は必ずしも同性愛のカップルに限られた問題ではなく，同棲というライフスタイルを選択した異性カップルにおいても，結婚をしたカップルに比べて離別までの期間が短いことから，性的指向がもたらす結果との安易な関連づけは避けるべきであると考えられる。

学校生活への適応に関しては，例えば，レズビアンないしはゲイの親に育てられた養子において，学校内での仲間からのスティグマも，フレンドシップの形成の面でも大きな困難さを有していないようであるが（Mellish et al., 2013），子どもが17歳になるまでに半数近くの者が親の性的指向によって，仲間などによる同性愛嫌悪のスティグマを経験していたとする報告もみられる（van Gelderen et al., 2012）。同性愛嫌悪を有する友人や知人がいる場合，親が同性愛者であることにより，偏見にもとづく差別や心無い言葉をかけられる青年がいることは十分に考えられる。これらの研究の知見が，我が国において同様にみられるのか，文化や時代の変化をふまえながら，今後の心理学研究の発展が期待されるところである。

4　心理支援の現場で問われる支援者のセクシュアリティに対する姿勢

これまで見てきたように，欧米の研究からは親の性的指向によって，ペアレンティングの質や子どもの発達が単純に規定されないことが示唆されている。しかしながら，性的マイノリティの人々の親となる経路が多様であり，また複雑な歴史を有する場合も少なくないことから，心理支援にあたってはそうした背景に対してより慎重な対応が求められる。

クライエントの中には，性的指向に関係して，長年にわたる悩みや心の傷を抱え続け，人生を歩んでいる場合も少なくないと思われる。彼らの子どもについても同様である。そうした人々が勇気をふりしぼって相談や支援を求めて訪れた先で，セクシュアリティに対してどのような立ち位置の支援者に巡り合うかは，非常に重要な点となる。個々人のセクシュアリティをめぐる価値観は，深く内在化されており，とくに支援者がマジョリティにある場合，無自覚になりやすくなっていることも考えられる。クライエントが支援者に信頼を寄せ，次回以降の来談を望むか否かの意思決定において，支援者のセクシュアリティへの敏感さが極めて重要であることは言うまでもない。

葛西（2023）は，支援者の価値観や信念が，クライエントに倫理的な問題を引き起こす恐れがあるとして注意を呼び掛けている。すなわち，異性愛であることが“普通”の性的指向とする前提で臨んでしまう「異性愛主義」や生まれもった性別と性表現とが一致すべきだと考える「シスジェンダー主義」である。これらによって，クライエントを自身の枠にはめてとらえたり，決めつけたりすることで，倫理的に傷つけてしまう危険性が指摘される。

支援者側の敏感さをめぐっては，彼ら自身だけでなく，研修や訓練を通して，彼らに多大なる影響力を有するであろう指導者のあり方にも目を向ける必要がある。最新の臨床に関する知識や技術を獲得する機会を通して，自らの価値観や信念，臨床的な態度に内省的な姿勢で臨むことも支援者（指導者）にとって大切な課題といえる。

おわりに

本稿では，性的マイノリティの中でも，主に同性カップルの人々と彼らの形成する家族を中心に焦点を当ててきた。家族の結びつきといえば，両親が結婚をしているか否かといった形態的な次元に目が向きがちであるが，冒頭でも述べているようにその関係性は実に多様である。我が国では，これまで異性間を前提として成立してきた結婚であるが，改めてその意味が大きく揺らいでいるように思われる。

今後，性的マイノリティの人々の人権や家族形成についての議論は，ますます活発になっていくものと予想されるが，心理学にもとづく研究や支援の受け皿は，決して十分とはいえない状況にあると思われる。その意味では，心理学にかかわる一人ひとりの研究者や実践家が，性的マイノリティの問題にいかに正面から向き合うべきかが問われているのではないだろうか。

最後に，本稿では親側のセクシュアリティを中心に論じており，子ども自身のセクシュアリティをめぐる違和感や親へのカミングアウトの問題等，性的マイノリティの子どもたちについては触れられていない。成人期への階段を歩み，アイデンティティ形成等の課題に直面する彼らに関しても，その実態や支援ニーズについて実証的知見を積み上げ，実際の支援の充実が強く期待されるところである。家族の意味やそのかたちが問われる今日，家族心理学の果たすべき役割は非常に大きいのではないだろうか。

文　献

Chan, R. W., Brooks, R. C. & Raboy, B., et al.　1998　Division of labor among lesbian and heterosexual parents: Associations with children's adjustment. *Journal of Family Psychology*, 12(3), 402-419. doi:10.1037//0893-3200.12.3.402

Golombok, S., Mellish, L. & Jennings, S., et al.　2013　Adoptive gay father families : Parent-child relationships and children's psychological adjustment.

Child Development, 85(2), doi : 10.1111/cdev.12155
Golombok, S. & Tasker, F. 2015 Socioemotional development in changing families. In Lamb. M. E. & Lerner. R. M. (Eds.), *Handbook of child psychology and developmental science : Socioemotional processes* (pp. 419-463). John Wiley & Sons, Inc.. https://doi.org/10.1002/9781118963418.childpsy311
釜野さおり・石田　仁・岩本健良・小山泰代・千年よしみ・平森大規・藤井ひろみ・布施香奈・山内昌和・吉仲　崇　2019 『大阪市民の働き方と暮らしの多様性と共生にかんするアンケート報告書（単純集計結果)』JSPS 科研費16H03709「性的指向と性自認の人口学―日本における研究基盤の構築」・「働き方と暮らしの多様性と共生」研究チーム（代表 釜野さおり）編 国立社会保障人口問題研究所内
葛西真記子　2023　心理支援者のためのLGBTQ＋ハンドブック．誠信書房．
Mellish, L., Jennings, S. & Tasker, F., et al. 2013 *Gay, lesbian and heterosexual adoptive families : Family relationships, child adjustment and adopters' experiences.* British Association of Adoption and Fostering : London, England.
NHK・LGBT 法連合会　2015　LGBT 当事者アンケート調査―2600人の声から
https://www.nhk.or.jp/d-navi/link/lgbt/ (2023/2/1取得)
Ryan, S. 2007 Parent-child interaction styles between gay and lesbian parents and their adopted children. *Journal of GLBT Family Studies*, 3 (2/3), 105-132. doi:10.1300/J461v03n02_05
砂川秀樹　2009　同性愛者のパートナーシップと家族，次世代への継承．Kyoto Working Papers on Area Studies No. 76 (G-COE Series 74), 1-13.
高藤真作・岡本祐子　2017　同性愛者のアイデンティティ発達に関する研究の動向と展望―内在化された同性愛嫌悪・カミングアウトに着目して．広島大学心理学研究，17，47-60．
van Gelderen, L., Gartrell, N. & Bos, H. M. W., et al. 2012 Stigmatization associated with growing up in a lesbian-parented family : What do adolescents experience and how do they deal with it? *Children and Youth Services Review*, 34, 999-1006. doi:10.1016/j.childyouth.2012.01.048

家族心理学の視点を導入した災害心理教育コンテンツの開発

災害に対する家族の力を高める

坂本一真

はじめに

家族の形は多様で，その形態から一義的には定義付けられないものの，成員同士のつながりによって，有機的な機能を持った１つのシステムであることに，疑いの余地はないだろう。家族システムは，動的平衡システムであり，常に変化しながらシステムの自己組織性と変換性によってその機能を維持している。個人は家族に包摂され，家族は社会に包摂されながら，社会動向や環境の変化，家族ライフサイクルの移行など，あらゆる変化の中で日常生活を送っている。

このような家族の動的平衡が大きく揺さぶられる出来事の１つとして“災害”がある。特に大災害は我々の生活基盤すべてを“根こぎ”にするものである（安，2019）。社会レベルの動的平衡が破壊されるのと同時に，社会に包摂された家族システムや個人も大きく揺さぶられる。同時に，個人が被災経験から回復する上で，家族は重要なサポーターとしての役割を果たす（日下ら，1997；小林・櫻田，2012；野口，2021）。

災害自体を防ぐ手立てが無い以上，本邦では防災や減災に向けた取り組みが非常に重要である。本邦の歴史は災害による喪失とそこからの復興の歴史である。この歴史の中で防災や減災に関する知恵や経験が培われてきた。本稿で扱う“災害心理教育”とは防災や減災を目指して心理学的な知見を教育する取り組みであると同時に，喪失と復興の歴史を受け継いでいくことでもある。災害が家族に及ぼす影響を概観した上で，本邦における災害心理教育の現状を概観し，東北大学の家族療法研究チームが作成した，家族療法の視点を導入した災害心理教育コンテンツについて紹介し，今後の災害心理教育の展望について論じる。

1　災害が家族に及ぼす影響

本邦の災害の現状

本邦は世界でも有数の災害大国であり，地震・津波・極端風水害・火山噴火などの様々な災害が頻繁に生じる。地震を例として概観すると，2022年の1年間で本邦で観測された震度1以上の地震は1,964回であり，震度5弱以上の地震は15回発生している（気象庁，2023）。また近年では，数年ごとに大きな被害をもたらす大災害が発生している。例として，2011年の東日本大震災，2016年の熊本地震，2018年の北海道胆振東部地震，2021年の福島県沖地震等が挙げられる。日本で生活する家族にとって災害は身近な問題であり，甚大な影響を与えるものである。それでは，災害が家族に与える影響には，どのようなものがあるのだろうか。

災害による家族への3つの影響

大災害が家族にもたらす影響には3つの側面があるとされる（野口，2021)。第1に，家族メンバーの増減である。災害では家族との死別や，行方不明などの“あいまいな喪失”を経験することがある（Boss, 1999)。遺された家族は，メンバーが減少した新たな家族システム内で新たなルールや役割を形成し，喪失体験やショック，悲嘆反応に向き合って行かなければならない。しかし，喪失に向き合うことは容易ではなく，中には被災経験や喪失した家族に関して，家族内・外で話題にすることがタブー視され，回避されることがある（安，2019)。また，被災により居住地を変更せざるを得なくなった場合には，親類の家庭に居住地を移したり，被災地から親類が家庭内に引っ越してくることもある

（野口，2021）。このように，災害による家族メンバーの増減によって家族は揺らぎ，新たなルールや役割の形成を迫られる。

第2に，生活環境の変化である。災害発生直後に生じる生活環境の変化としては，避難所への避難が挙げられる。避難所とは，被災した他者との共同生活の場である。被災者は自分や家族の生命が脅かされている状況の中で，突然他者との共同生活を強いられる（野口，2021）。また，避難所の中には，家族全員で避難出来た家庭もあれば，家族メンバーの安否が確認出来ない家庭や，たった一人で避難してくる人物もいる（安，2019）。被害状況や，各家庭が必要とする支援が異なる家族同士が，避難所で共同生活する中で軋轢や葛藤が生じることもある（安，2019）。また，復興が進むにつれて，被災家族は再建した住宅や，仮設住宅や災害公営住宅へと転居を迫られ，転居先で再び生活環境への適応を迫られる（野口，2021）。

第3に，生活スタイルの変化である。例えば，避難先や転居先が就業先から遠くなった場合，世帯分離をせざるを得ず，夫のみが他の家族と離れて暮らすなどの変化が生じることがある（田並，2013）。その他にも，片働きから共働きへの移行や，勤務先，子どもの自宅待機や転校，などの変更が考えられる（野口，2021）。このような生活スタイルの変化は，所属するコミュニティの変化を伴い，各家族メンバーが家族外で受けるソーシャル・サポートを制限する要因となる。

以上のような災害による影響や変化に対して，家族が適応出来ない場合，その家族成員は災害による影響をより大きく受けることとなる。災害心理教育として，家族にこのような変化が生じうることを伝え，平時から緊急時にどのように家族で対応するかについてコミュニケーションを図っておくことは，社会や家族の中で過ごす個人を災害時に支えることにも繋がると言える。それでは，本邦の災害心理教育としては，実際にどのような取り組みがなされているのだろうか。

2　本邦の災害心理教育

既存の災害心理教育コンテンツ

これまで本邦では，いくつかの災害心理教育のプログラムやコンテンツが開発されてきている。例えば，吉武ら（2016）は“こころの減災教育プログラム”を開発し，その効果を検証している。市民講座や研修会においてプログラムを426名の成人の受講者に対して11回実施し，実施前と実施後の変化を検証したところ，“ストレス反応の理解”，“一般的な効力感”，“対人的信頼感”，“他者との信頼関係”，“認知の修正”，“自尊感情”，“避難行動の効力感”，“自己制御”の得点が実施後に上昇し，その効果が認められている。このプログラムを名古屋大学こころの減災研究会では，パンフレットや動画で配布可能な形にして公開している（名古屋大学こころの減災研究会，2018）。これらの災害心理教育プログラムやコンテンツは，個人に焦点化した防災教育やセルフケアについて扱ったものである。平時から実施可能な災害対策について振り返り，緊急時の避難先を確認しておいたり，災害後に一般的に生じるストレス反応について知り，リラクセーション法などのセルフケア方法を習得しておくことは，個人レベルの災害に対するレジリエンスを高める取り組みである。個人レベルのレジリエンスを高めることは，災害心理教育における基本であり，欠かせない要素であると言える。

家族心理学の視点を導入した災害心理教育の必要性

一方で，現状の本邦の災害心理教育では，ここまで論じてきた家族が受ける影響や変化については，ほとんど扱われてきていないのが現状であった。これまでの個人に焦点化したものに加えて，災害時の家族に生じる問題やその対応策について扱い，教育コンテンツを通して家族が防災や減災に向けたコミュニケーションを新たに行うことで，家族システムレベルでの災害に対するレジリエンスを高めることが出来ると考えられる。特に，子どもの精神的安定には養育者の存在や養育者からのサポートが大きな影響を与える（小林・櫻田，2012）。子どもの災害からの回復を考えると，子ども個人のレジリエンスを高める取り組みだけではなく，重要な他者である家族のレジリエンスを高めておくことが，被災後の回復のプロセスを促進すると考えられる。

このような問題意識と発想を元に，東北大学大学院教育学研究科心理支援センター災害心理支援室では，家族心理学の視点を導入した災害心理教育コンテンツを開発してきた（坂本ら，2022）。

3　家族心理学の視点を導入した災害心理教育コンテンツ

以下では，東北大学大学院教育学研究科心理支援センター災害心理支援室が開発した災害心理教育コンテンツ（坂本ら，2022）について紹介する。なお，開発したコンテンツは，当センターのホームページから閲覧可能である（東北大学大学院教育学研究科災害心理支援室，2022）。コンテンツ作成にあたり，４名の臨床心理学を専攻する大学院生（うち，１名は臨床心理士および公認心理師資格を有する）と，臨床心理学の研究者１名の計５名でチームを編成し，1）災害時支援に関する文献のレビュー，2）チームでのミーティングによる項目の抽出，3）コンテンツの作成，という３つの手順を踏んだ。コンテンツでは，12の場面を例示し，各場面において必要な知識や対応，ワークを提示した。12の場面の中でも，家族心理学の視点を導入した場面は，1）家族の様子がいつもと違うと気づいた時，2）被災経験について家族と一緒に向き合う時，の２つであった。以下では，この２つの場面のコンテンツについて紹介する。

家族の様子がいつもと違うと気づいた時

この項目では，災害の影響を受けた家族が普段の様子と違うことに気づいた際，その状況を改善していく過程を，解決志向アプローチを用いて説明した。キーワードとして 1）家族レジリエンス，2）解決志向アプローチ，3）問題の性質を提示し，本文中で扱った。まずは，災害は子どもだけでなく，大人にも大きな影響を与えることから，落ち込みなどの家族の普段と違った反応は，誰しも起こり得ることを説明した。そして，家族が困難な状況を乗り越える上で必要な「家族レジリエンス」を発揮する方法の一つとして，ド・シェーザーら（de Shazer et al., 1986）の解決志向アプローチを紹介した。具体的には，1）家族がいつも通りのときはないか探してみる，2）いつも通りのときに近い状況を家族で作ってみる，という，例外探しとその状況の循環のプロセスを提示した。その際，コンテンツ利用者が心理療法におけるアプローチの理解を得やすいよう，家族の事例を用いて説明した。また，家族内で対処することが難しい場合には，問題の性質を整理し，専門家のサポートを受けながら対処の仕方を決めていくことを提案した。最後にワークを通じ，家族メンバーの強みの発見を促す課題を設けた。

被災経験について家族と一緒に向き合うとき

この項目では，被災経験について家族と一緒に向き合う中で生じうる難しさをテーマとし，それが生じた時にどのように対応すべきかについて説明した。キーワードとして，1）タブー視，2）家族外コミュニケーションを提示し，本文中で扱った。

まずは，被災経験について家族と一緒に向き合う中で生じやすい“タブー視”の問題について例示した。安（2019）では，災害で親や子どもを亡くした遺族では，被災経験について家族の内外で話題とすることがタブーとなり，被災者が孤立していくきっかけの1つとなりうることが示されている。特に，被災経験について触れることがタブーとなった家族の中では，家族を励まそうとして子どもが無理をして明るく振る舞う場合があるとされる。安（2019）は，このような時にこそ社会的孤立を防ぐことが重要であると述べる。家族心理学・短期療法の視点からも，家族システム内で生じている悪循環を切断するために，家族がこれまでコミュニケーションを取っていない新しいメンバーをシステム内に組み込むことは有効な手段であると考えられる。以上を踏まえて，家族内で被災経験について話をできなくなった時には，無理をして家族を元気づけるだけではなく，家族外の人物とコミュニケーションを取るように提示した。家族外の人物としては，親戚や学校の先生，スクールカウンセラー，電話相談などをリソースとして提示した。最後に，コンテンツ利用者にとって最も繋がりやすいリソースを明確化するために，ワークを提示した。ワークでは「あなたの気持ちや家族の気持ちを聞いてくれそうな，家族以外の大人の人を書いてみよう」と教示し，利用しやすいリソースを具体化出来るよう設計した。

4　今後の災害心理教育の展望

家族心理学の視点を導入した災害心理教育コンテンツの開発の取り組みは始まったばかりである。今回紹介した，東北大学大学院教育学研究科心理支援センター災害心理支援室の災害心理教育コンテンツは，今後，効果検証を行う必要があるだろう。効果検証として，コンテンツの使用前後で，家族レジリエンスや，家族の問題解決力が高まるかどうかを検討する必要があるだろう。加えて，この災害心理教育コンテンツを家族全員で取り組むことで，普段は家族内で話さないような内容やパターンのコミュニケーションが行われる可能性がある。このコンテンツを用いることで，家族内のコミュニケーションや，実際の防災行動に変化が生じるかについても検討する必要があるだろう。

今後の災害心理教育としては，家族に焦点化したコンテンツを充実させるとともに，よりマクロなシステムであるコミュニティに焦点化した災害心理教育コンテンツも開発されると，個人―家族―コミュニティの広範なレベルの災害に対するレジリエンスを高めることが出来るだろう。

文　献

安　克昌　2019　新増補版 心の傷を癒やすということ―大災害と心のケア．作品社．

Boss, P.　1999　*Ambiguous Loss : Learning to live with unresolved grief.* Harvard University Press : Cambridge.［南山浩二（訳）　2005　「さよなら」のない別れ　別れのない「さよなら」―あいまいな喪失．学文社．］

de Shazer, S., Berg, I. K., Lipchik, E., et al. 1986 Brief therapy : Focused solution development. *Family Process*, 25(2), 207-222.
日下菜穂子・中村義行・山田典子ほか　1997　災害後の心理的変化と対処方法―阪神・淡路大震災６か月後の調査．教育心理学研究，45(1)，51-61．
気象庁　2023　令和４年（2022年）の地震活動について．
https://www.jma.go.jp/jma/press/2301/12a/2212jishin2022.pdf（閲覧日2023年３月13日）
小林朋子・櫻田智子　2012　災害を体験した中学生の心理的変化―中越大震災１ヶ月後の作文の質的分析より．教育心理学研究，60(4)，430-442．
名古屋大学こころの減災研究会　2018　心の減災リーフレット．
https://kokoro.nagoy-u.ac.jp/ca338e124ad5ec4919fa0a82043263ad8b88ca17.pdf（閲覧日2023年３月13日）
野口修司　2021　災害と家族．若島孔文・野口修司(編)　テキスト家族心理学．金剛出版．
坂本一真・春山蘭乃・関　芙美ほか　2022　家族療法・短期療法の視点を導入した災害心理教育コンテンツ開発．東北大学大学院教育学研究科心理支援センター研究紀要，1，33-44．
田並尚恵　2013　災害が家族にもたらす影響―広域避難を中心に．家族研究年報，38，15-28．
東北大学大学院教育学研究科災害心理支援室　2022　自然災害に向けたこころの準備マニュアル（児童用）
https://www2.sed.tohoku.ac.jp/~psc/dis/assets/doc/Dis_child.pdf（閲覧日2023年６月６日）
吉武久美・窪田由紀・坪井裕子ほか　2016　成人を対象とした心の減災教育プログラムの開発とその効果．人間と環境 電子版，12，1-11．

感染症（新型コロナウイルス）の蔓延下における家族支援

鴨志田冴子

はじめに

本稿では，新型コロナウイルスのみならず，歴史的にもウイルスを変えてパンデミックは繰り返されていたことをまとめた。その歴史の中で，現代のパンデミックに応用できる家族に対する支援について模索した。一方，過去の記録は，隔離措置や学校休校等の政策に関する記録に留まり，現段階では，家族支援の側面では新たな発見が得られなかった。そこで，記憶にも新しい新型コロナウイルスによるパンデミックにて見られた家族への影響をまとめ，その経験と文献から考えられる，家族への支援をまとめた。具体的には，パンデミックにおける家族への影響として「関係性が遮断されること」による影響を挙げた上で，こうした状況に対する支援を模索した。

1　再帰性のある感染症の歴史からパターンを学ぶ

新型コロナウイルス（SARS-CoV-2）の世界的な大流行（以下，パンデミック／Pandemic）から早くも3年が経過した。最近の日本政府では，令和5年5月8日から感性症法の位置づけを季節性インフルエンザ，水疱瘡，風疹，麻疹などと同様の危険レベル「5類」として扱うことを決定し（日本放送協会，2023），マスク着用は個人の判断が基本となる（厚生労働省，2023）など，過度な危険視は弱まったと言える。つまり，2020年当初から世界的に闘ってきた新型コロナウイルスによるパンデミックは収束を迎えつつあると解釈できる。

人類は古代から感染症と共存している。感染症は，人に感染した際に症状が軽度なものから重篤に至るものまで多様であるが，特に感染した際の致死率の高さや重篤化が見られた際には，人類の脅威となる。新型コロナウイルスを含むパンデミックは，今回が初めてではなく，定期的に繰り返されている。中でも，飛沫感染を主とする感染経路を持ち，多くの感染者を発生させた感染症の世界的流行の前例で最も古い感染症としては「スペイン・インフルエンザ（1918-1919年）（速水，2006）」が挙げられる。いわゆる現代の新型インフルエンザの先駆けであり，新型コロナウイルスと同様に，当時の未知の感染症として世界に猛威を振るったウイルスである。その後，スペイン・インフルエンザをはじめとするパンデミックは，「アジア風邪（1957-1958年）」「香港風邪（1968-1970年）」「重症急性呼吸器症候群（SARS）（2002-2003年）」「新型インフルエンザ（2009-2010年）」とウイルス，名称，症状をその都度に変え，定期的な感染拡大と感染収束を繰り返している（福岡・藤井，2022）。なお，こうした繰り返し型の疫病を，医学では「再帰性（recurrent）」の疾病と呼ぶ（木下，2022）。また，スペイン・インフルエンザにおいても，新型コロナウイルスによるパンデミックと同様に，学校閉鎖や工場の閉鎖，隔離措置，さらに手洗いうがいとマスクの着用といった公衆衛生的な対策がなされていたことが記録されている。しかし，それによる家族，個人への影響に関する記録は見当たらない現状にある。理由としては，当時は第一次世界大戦中という背景も関連しているのではないかと推察する。以上から，感染症は定期的にウイルスを変えて猛威を奮っており，古くから隔離的な措置がとられてきたことまではわかる。一方で家族や個人への支援を対策するにあたっては，新型コロナウイルスを代表とする現代の事例や研究から考えていく必要があると言えるだろう。

2　コロナ禍における家族システムの変化

パンデミックは特殊災害の１つに位置づけられるが，社会や家族にとっての異常事態という点で自然災害に通ずる部分も多い。そこで，東日本大震災時を参照しながら，パンデミックにおける家族システムの変化をまとめる。野口（2021）は，東日本大震災を代表とする災害時における家族システムの変化として「家族メンバーの増減」「生活スタイルの変化」「生活環境の変化」を挙げている。俯瞰すると，パンデミック時の家族の変化としても通ずる部分が多い。一方で，前提としての大きく異なる点が挙げられる。それは，パンデミックでは「関係性が遮断されること（矢永・向笠，2022）」が主たる影響となり，それによる社会や家族の問題が発生する点である。東日本大震災は，居住地や人命の喪失など多大な影響が見られたが，復興に向けて人々が協力し合うなど，人と人との繋がりがリソースとなった。一方で，感染症では，人と関わると感染するという特有さから，関係性が遮断されやすく，人と人との繋がりが疎遠になり閉鎖的になると言える。つまり，コロナ禍においても生活や環境の変化は見られたが，それは空間や対人関係が制限されるという形に変化しやすいという点が新しいと言えるだろう。

したがって，パンデミックにおける家族システムの変化の１つ目は「生活環境の制限」であると考えられる。これは，「生活の変化」に踏襲される部分であるが，パンデミックにおいては，より制限的な方向に変化することが多いという点が特徴的である。具体的には，社会的離隔政策（social distancing policies）によって対人接触を減少させるという部分で，家の中で過ごすようになる，学校や職場への立ち入りを一時的に制限する，などの対策が講じられた。

２つ目は「家族メンバーや家族と過ごす時間の増減」である。ここでは，単身赴任等の状況の人が容易に移動できなくなり家族との時間が減少する，またはウイルスへの罹患により家族が一時的に隔離状態になる，または死別するといったメンバーの減少，などの変化が挙げられる。さらに，新型コロナウイルスへの罹患により亡くなった場合，遺体からの感染拡大をも予防すべく，火葬場や葬儀場の制限から火葬に遺族が立ち会えないといった変化も生じた。反対に，今まで仕事等の外出時間の多かった家族メンバーと過ごす時間の増加，休校，休園などによる子どもと過ごす時間の増加も挙げられる。

3つ目として「生活スタイルの変化」を挙げる。パンデミックは，生活スタイルの様々な側面に変化を与えた。例えば，働き方，余暇の取り方，人付き合いなど日常の些細な選択にも影響を与えているようである。代表的な変化として在宅勤務の導入がある。また，コロナ禍で新しくペットを飼った人などは，新たな家族システムとなっただろう。こうした家族システムの変化への対応には家族や個人の差があり，うまく適応した家族もいれば，適応が難しい家族もいるように想定される。

3　コロナ禍における家族や個人への心理社会的影響

まず，パンデミックにおける変化に対する個人への心理社会的影響としては，目に見えないウイルスへの恐怖が中核として挙げられる（Doshi et al., 2020；小岩ら，2021）。次に，こうした恐怖を抱えながらも先の見えない期間や，制限の強いられる生活は，直接的，間接的に関わらず，家族にストレスを与えることが想像できる。実際に，虐待やDVが増加し，自死も増加したことがその状況を物語っていると言えるだろう。なお，鴨志田ら（Kamoshida et al., 2022）はコロナ禍において問題が生じやすい家族の傾向として，喫煙者と配偶者から暴力を受けることに関連があることや，未就学児がいる親は虐待してしまうのではないかという不安が高いことなどを示している。さらに，こうした家族の状態は，社会や地域の状況や支援者といった上位のシステムからも間接的に影響を受けていると言える。同研究では，コロナ禍以前よりも収入が減った人は，精神的健康が良くないことも示している。加えて，ウイルスに罹患した人や，身近に罹患者がいた家族にとっては，より特異的なストレスが生じたと言える。例えば，身近な家族が罹患により死別した場合は，隔離対策によって別れ際に立ち会えず，あいまいな喪失（Boss, 2022）を経験する家族もいるだろう。関連して，コロナ後遺症（Post-COVID-19 Conditions）についても騒がれている。この点について，ワンら（Wang et al., 2022）は，パンデミック初期のコロナ感染前の時期に不安，抑うつ，コロナに関する心配，ストレス，孤独感得点が高かった者は，後遺症の危険リスクが高いことを示している。

一方で，パンデミックにより家族がより良い方向へ向かったという事例も存在する。例えば，在宅勤務が増えた事による父親の育児参加の促進（平井・渡邉，2021）やオンライン講義の導入による子どもへの利益（近藤，2022）などである。以上のように，コロナ禍はネガティブにもポジティブにも様々な影響を家族に与えていると言える。

4　感染症拡大下における家族支援

第3節にあるように，コロナ禍による影響は，コロナ感染拡大防止を取り巻く個人，家族，支援者等の周囲，社会といった形で相互作用的に影響を与え合っていると言える。そこで，三道ら（2021）に倣い，コロナ禍における家族への支援としては，家族システムの何か一つに変化を起こし，システム全体を変化させて問題を解決していくという観点から，まとめていく。

はじめに，家族，支援者，社会を含む，最も大きなシステムを想定した支援である。それは，現状，感染症は再帰性のあるものであり，一般的には飛沫を経路とする感染症は収束を迎えることや，異常事態に生じる心身の反応に備えるという見通しを持って過ごしてもらうことである。こうした介入を現場で導入するとした場合には，「新型コロナウイルスに向けたこころの準備マニュアル」（二本松ら，2022a；2022b）などが役に立つ。ガイドブックは，新型コロナウイルス感染拡大時に生じる可能性のある，心身の反応や，対処法がわかりやすく説明されている。家族での読み合わせのみならず，教員や医師，看護師，心理士などが児童生徒らに対する心理教育，グループワークなどとして使用することも可能である。

次に，家族システムを想定した支援について２点挙げる。１つ目は，家族の回復力を取り戻すことである。例えば，隔離措置により育児と仕事の両立が難しくなった母親に対して，父親が母親をサポートできるよう整えるなどである。近藤（2022）においても，父親が在宅ワークとなり母親のサポートとなり始めたことから，母親の子育てや仕事への葛藤が解消された事例を報告している。また，児玉ら（2022）は妻や友人からの夫の育児に対する肯定的評価が，夫の育児参加を促進する要因であることを示している。つまり，こうした家族からのサポートを得るには，夫婦や家族がお互いに助けられたことに対して，肯定的な視点で評価を伝え合う，感謝を伝えるなどの相互作用が，夫婦や家族で異常事態を乗り越える上で必要なのではないかと考える。また学校等の支援者の場合，関係性の遮断が生じた場合に，危機状態となる可能性の高い家庭についてて事前にリストアップしておくなどの準備ができるだろう。

２つ目は，家族や親子で雑談をする，家族で家の中でできる遊びをする，などの介入である。これは，コロナ禍による緊張状態から交感神経系が慢性的に優位になりやすい状況や，反対に，対人的な刺激がないことで，対人場面を介した自律神経系の調節機会が減ることによる心身への影響に対する，ポリヴェーガル理論（Porges, 2018/2018）を背景としたアプローチである。ポージェス（Porges, 2018/2018）によると，人と会話する，気持ちを表現し受け取る，といった社会交流は，自律神経系の１つである腹側迷走神経複合体などの社会神経系により調整されると説明している。さらに，伊藤（2022）によると，これらは適切な場面で緊張状態にあり，適切な場面で弛緩するという，交感神経系をコントロールする働きも兼ね備えている。一方で，ストレスにさらされ続けていると，うまく機能しなくなるという特徴を持つために，常に心身が緊張状態になり，抑うつや解離といった凍りつき状態にもなりかねない。そこで，こうした状況を予防，または回復するために，コロナ禍のような異常事態でも，自律神経系が活性化される日々のエクササイズがより必要であると言えるだろう。ポージェス（Porges, 2018/2018）は身体を使った遊びは，交感神経と社会神経系をうまく切り替えながら，これは遊びであって攻撃ではないことを認識したり伝えたりするなど，色々な自律神経系を使う作業であるという点でエクササイズになると述べている。例えば，換気可能な外では，身体を使った遊びが可能だろう。室内では，風船バレーボールなどができる。ポージェス（Porges, 2018/2018）は後頭下筋と眼球を動かす筋肉との間に直接的な神経的接続があり，基本エクササイズの中に目を動かすトレーニングが導入されている。そのため，風船バレーボールによる効果が検証されているわけではないが，目で風船を追うという動きも含めて神経エクササイズが可能なのではないかと考える。その他には，親子二人一組で実施できるものとして，東北大式コミュニケーション＆リラクセーション・プログラム（T-RACO）（三道ら，2013）なども活用できるだろう。

引用文献

Boss, P.　2022　特別講演：パンデミックにおける「あいまいな喪失」とレジリエンス，福島医学雑誌，72(2)，101-102.

Doshi, D., Karunakar, P., Sukhabogi, J. R., et al.　2020　Assessing Coronavirus fear in Indian population using the Fear of COVID-19 Scale. *International Journal of Mental Health and Addiction*, 19(6), 2383-2391. Advance online publication.
https://doi.org/10.1007/s11469-020-00332-x

福岡孝太郎・藤井寛子　2022　ロシア風邪はコロナだった？―「インフル原因」覆す新説に注目．日本経済新聞 1 月 9 日朝刊サイエンス欄.

速水　融　2006　日本を襲ったスペイン・インフルエンザ―人類とウイルスの第一次世界戦争．藤原書房.

平井美佳・渡邉　寛　2021　乳幼児の父親におけるパンデミックによる働き方の変化と家庭と仕事への影響．心理学研究，92(5)，417-427.

伊藤二三郎　2022　ポリヴェーガル理論で実践する子ども支援 今日から保護者・教師・養護教諭・SC がとりくめること．遠見書房.

Kamoshida, S., Nihonmatsu, N., & Takagi, G. et al.　2022　The relationship between family variables and family social problems during the COVID-19 pandemic. *Plos One*, 17(6): e0270210.
https://doi.org/10.1371/journal.pone.0270210

木下冨雄　2022　COVID-19の感染拡大による社会の変化．心理学ワールド，

97，16-19．
児玉(渡邊)茉奈美・浅野昭祐・菅　文美ほか　2022　コロナ禍という特殊な状況下での第一子に対する父親の育児参加の阻害／促進要因の検討―在宅勤務の増加と家庭外からの支援のなさに着目して．日本家政学会誌，73(6)，306-320．
小岩広平・若島孔文・浅井継悟ほか　2021　我が国における看護師の新型コロナウイルス感染症への感染恐怖の規定要因．心理学研究，92(5)，442-451．
近藤直司　2022　COVID-19の感染拡大が児童思春期の子どもたちと家族に与えた影響．家族療法研究，39(1)，33-36．
厚生労働省　2023　マスク着用の考え方について．
https://www.mhlw.go.jp/stf/seisakunitsuite/bunya/kansentaisaku_00001.html
二本松直人・鴨志田冴子・櫻庭真弓　2022a　新型コロナウイルスに向けたこころの準備マニュアル 児童用．東北大学大学院教育学研究科 心理支援センター・災害心理支援室．
https://www2.sed.tohoku.ac.jp/~psc/dis/assets/doc/colona_Child.pdf
二本松直人・鴨志田冴子・櫻庭真弓　2022b　新型コロナウイルスに向けたこころの準備マニュアル 成人用（中学生以上）．東北大学大学院教育学研究科 心理支援センター・災害心理支援室．
https://www2.sed.tohoku.ac.jp/~psc/dis/assets/doc/colona_Adult.pdf
日本放送協会　2023　NHK NEWS WEB「新型コロナ『5類』への移行5月8日に政府が方針決定」．
www3.nhk.or.jp/news/html/20230127/k10013963141000.html
野口修司　2021　第6章 家族と社会 ⑤災害と家族，若島孔文・野口修司(編著)　テキスト家族心理学．金剛出版．129-133．
Porges, S. W.　2018　*The pocket guide to the polyvagal theory : The transformative power of feeling safe*.　W. W. Norton & company, Inc.［花丘ちぐさ(訳)　2018　ポリヴェーガル理論入門―心身に変革をおこす「安全」と「絆」．春秋社.］
三道なぎさ・小林　智・赤木麻衣ほか　2013　被災者支援プログラム（T-RACO）の開発と効果の検討．東北大学大学院教育学研究科研究年報，61(2)，97-111．
三道なぎさ・小林　智・齋藤勇紀　2021　コロナ禍の子育てにおける心理的課題とその対応．子育て研究，11，93-101．
矢永百里子・向笠章子(編著)　2022　感染症と心理臨床―HIV／エイズと新型コロナウイルス感染症を中心に．風間書房．
Wang, S., Quan, L., Chavarro, J. E., et al.　2022　Associations of depression, anxiety, worry, perceived stress, and loneliness prior to infection with risk of

post-COVID-19 conditions. *JAMA Psychiatry*, 79(11), 1081-1091.

Ⅱ

家族臨床心理学研究・実践の最前線

日本のカップルのための2セッション文脈的カップルセラピー(CCT)の開発

三田村　仰

はじめに

2006年，本誌『家族心理学年報』は夫婦／カップル関係についての特集を組んでいる。その中で，野末（2006）は研究報告を含め，夫婦／カップルセラピーに関する本邦での文献の少なさを指摘し，日本の実践家においてはカップルセラピーについての専門的理解を深めることが急務であると指摘した。

2020年代に入った現在，カップルセラピーに関する和書がいくつか刊行されはしたものの，とりわけ実証研究，特にカップルセラピーの効果に関連する研究は未だほとんど存在しない。日本の離婚率は30%と決して低くない一方，カップル関係についての支援手法は未確立である。北米ではすでに，効果的なカップルセラピーの普及段階に入っており，世界最初の本格的な効果検証がおこなわれたのは1970年代終わりのことである（Jacobson, 1977）。その意味で言えば，日本のカップルセラピーの研究は40年以上遅れてきたとも言えよう。昭和，平成と積み残されてきたこの課題に対し，元号を新たにした今こそ，私たちは正面から向き合わなくてはならない。

本稿では，北米でのカップルセラピーに関する研究動向について簡単にアップデートしたうえで，筆者らが日本のカップルために開発した

２セッションから成る「文脈的カップルセラピー（Mitamura et al., 2023)」を紹介する。

1　カップルセラピーと実証研究

カップルセラピーとは

カップルセラピーとは，親密な関係にある二人のパートナーたちと，セラピスト（以下，Th）との合同でおこなうカップル関係の維持・向上を目的とした心理学的介入法である。1960～1970年代，カップルセラピーは家族療法の一部として捉えられてきた。わが国においても，夫婦／カップルへの支援は，実質的に家族療法の一形式としておこなわれてきたと言えるだろう。しかし，北米では1980年代に入ると，個人を対象とした心理療法からの影響も受け，さらにそれらを統合しながら，独自の領域としてのカップルセラピーが発展した（三田村，2021-2023)。

カップル関係に関する実証研究の蓄積

北米でカップルセラピーが発展してきた背景には，1980年代以降に進展を見せはじめたカップルに関しての実証研究の存在がある。米国ワシントン大学のジョン・ゴットマン（Gottman, 2015）は，大規模で縦断的な観察研究によって，後に離婚するカップルにどのような相互作用の特徴があるのかを明らかにした。また古くから，うまくいかないカップルには典型的な相互作用パターンがあることが知られていたが，この頃から，行動観察や質問紙調査による実証的な検証がはじまった（三田村，2021-2023)。

カップルを支援するうえでの実証データの必要性は，ゴットマンが繰り返し指摘してきたところでもある。夫婦／カップルの関係性については，多くの人々がその当事者であり，またその現象の複雑さゆえに，個人的経験に基づく独断や，伝統に基づくが根拠に乏しい“ハウツー”が蔓延する状況を許してきた。1980年代以降に得られた研究知見は，そうした事実に基づかない“神話”を崩し，より適切な情報を広めるうえでも大きな役割を担ってきている。

その効果が確認された代表的なカップルセラピー

実証的なデータのなかでも臨床的に特に重要なのが，今日わが国でも広く認識されてきているいわゆる「エビデンス」(臨床判断に関わるデータ）である。すでに述べたように米国では1977年に世界で最初のランダム化比較試験が実施され（Jacobson, 1977)，それ以降も，カップルセラピーの効果に関する知見の蓄積は継続している。

効果の確認されている代表的なカップルセラピーには，伝統的行動的カップルセラピー（TBCT）(Jacobson & Margolin, 1979)，感情焦点化カップルセラピー（EFT）(Johnson, 2020)，統合的行動的カップルセラピー（IBCT）(Christensen, Doss, & Jacobson, 2020）などがある。データによれば，これらのカップルセラピーでは８～26回程度の面接によって，およそ60～70％のカップルの関係性を改善する（三田村, 2021-2023)。

2　文脈的カップルセラピー（CCT）の開発

筆者は当初，私設相談室において，それぞれアセスメントとフィードバックの２セッションからなる「マリッジ・チェックアップ（Cordova, 2014)」という介入手法を実施していた（これはIBCTの簡易版的な位置づけにあたる)。しかしながら，参加した日本のカップルたちはもっと踏み込んだ介入を求めているようでもあった。そこで，筆者らは限界まで制限された時間枠のなかで，最大限に踏み込んだ介入をおこなおうという，２セッションのみから成る「文脈的カップルセラピー（Contextual Couple Therapy ; CCT)」を開発した（Mitamura et al., 2023)。

ここで“踏み込んだ介入”と呼んでいるのは，セッション内での“今，ここ”でのカップルの感情を扱うような方法論で，「喚起的方略」と呼ばれるものである（Christensen, Doss, & Atkins, 2005)。喚起的方略は，

EFT（Johnson, 2020）において最初に体系化された手法であり，心理教育やスキルトレーニング型の「処方的方略」と比べ，より高度な技能がセラピスト（以下，Th）側に要求される（Christensen et al., 2005）。CCT の特徴は，2セッションというごく限られた時間枠のなかでありながらも，それが可能なタイミングを見つけ出し，Th が小さな喚起的方略を積極的に用いる点にある。

また，個人療法同様，カップルセラピーにおいても各パートナーとの間に Th が同盟関係を築けるかどうかが，その効果を左右することが知られている。CCT では，Th が各パートナーからの信頼を得ることをセラピーの前提条件としている。その意味でも，各セッションは，ステップバイステップのマニュアルではなく，「変化を起こす上での原理」に基づきつつ（Christensen et al., 2020），目の前のカップルに合わせて柔軟に構成される。特に，セッションでの目標設定や進め方に関しても，Th は各パートナーからの希望を積極的に取り入れながら，テーラーメイドでのセッションを毎回形作っていく。

この柔軟性と実践性の背景にあるのが「機能的文脈主義」の哲学であり（三田村，2017），複雑な状況下での意思決定を可能にするのが CCT におけるケースフォーミュレーション（以下，CF）である。CF に関して三田村（2019）は文脈主義的な行動療法の観点から，後述する「表裏と場のアプローチ」と「協働的な CF のプロセス」といった複数の方法論を提案している。

3　表裏と場のアプローチ

文脈主義的な行動療法では，心理療法の理論や学派を超えて多種多様な技法が用いられる。三田村（2017）は行動療法におけるさまざまな技法を便宜的に3つの系統に整理している。並行して，若島・長谷川（2000）は，ブリーフセラピーの統合モデルとして，解決志向アプローチと MRI アプローチを状況に応じて使い分ける「二重記述モデル」を提唱している。二重記述モデルでは，Th はクライエントにおいて比較的良いときがあれば「例外（的に生じた良い事象)」に注目し，良循環の拡張を図る表の（解決志向）アプローチを用い，比較的良い状況がないときは「問題－対処行動」に注目し，悪循環の切断を図る裏の（MRI）アプローチを用いる。

そこで三田村（2019）は，技法の3系統の使い分けの指針として，若島・長谷川（2000）の表と裏の発想を援用した「表裏と場のアプローチ」を提案している。ここでは，活性化系，喚起系，タクト系の3つから成るCCT版の「表裏と場のアプローチ」について簡単に紹介する。

⑴　**活性化系（表のアプローチ）**：カップルが良循環を示すとき，Thはそれを拡張する方向で行動活性化系の技法を活用できる。パートナー間にポジティブな感情のやり取りが必要であることは，たとえばゴットマンらの実証研究からも指摘されている。ただし，実践的には，強い葛藤を抱えたカップルであるほど，Thが単にポジティブな感情だけを強めようとすると介入が上滑りするリスクもある。そこで喚起系の技法が必要となる。

⑵　**喚起系（裏のアプローチ）**：この系統は伝統的には行動療法において「エクスポージャー」と呼ばれていた技法の系統で（三田村，2017/2019），すでに述べた喚起的方略に該当する。これは，主に不快な感情を避けようとすることで生じている悪循環を解消するような手法であるが，現代の行動療法においては，むしろ「アクセプタンス」という概念で説明されることも多い。

カップルセラピーの文脈において，アクセプタンスとは，それまで避けていた刺激に対し，むしろ，パートナーとの繋がりを求めアクセスしようとするような行動であるとされる（Cordova, 2014)。関係がうまくいかなくなっているとき，パートナーたちはしばしば，相手との関係において，怒りや攻撃，回避によって反応する。オープンになることを避けていた体験に対し，自身を開いてゆくアクセプタンスは，それ自体がカップルにおける親密さを意味するとされる（Cordova, 2014)。

⑶　**タクト系（場のアプローチ）**：人が自身の行動や自身の置かれた状況に気づけるようになること（セルフモニタリング）の重要性は古く

から学派を超えて認められてきた。また，どのようにして自身の置かれた歴史や現状を語るかも，人間にとって極めて重要な意味を持っている。場のアプローチでは，カップルがそれぞれの個人内相互作用や二者間相互作用をモニターしたり，語り直したりできるよう働きかける。なお，このアプローチはIBCTでは「統一的分離」と呼ばれるものに該当する。また，「タクト（tact）」とは，何かに気づくことや何かを語る行動を意味する行動分析学の用語である（Skinner, 1957）。

ここまで見てきた3つのアプローチに関してCCTにおいてThは，場のアプローチを基本姿勢としつつ，状況に応じて表と裏のそれぞれのアプローチに比重を移し，再び，場のアプローチに重点を戻すというスタイルで面接を進める。また，表裏のアプローチに比重を置く際にも，場のアプローチはそれらを補完したり，繋ぎ合わせるような形で用いられる。なお，「裏」および「場」のアプローチは，カップルの相互作用の内容を変えるというより，それへの関係の仕方（もしくは文脈）を変えるという意味で，第二水準の変化（Watzlawic et al., 1974）を促すアプローチだと捉えることができる。

4　協働的なCFのプロセス

協働的なCFのプロセス（三田村，2019）は，場のアプローチの拡張でもある。また，CFは単にTh側の意思決定のプロセスではなく，現状で何が起こっているのかをクライエント／カップルとの間で共通理解を得るプロセスとしての側面も持つ。CCTでは，カップルセラピー版の協働的なCFのプロセスとして，次の5つを想定している。

(1)　**振る舞いや言葉の意味を汲み取り確認する**：パートナーたちは，自身が感じたことや考えたことなどを明示的に言葉で語るとは限らない。セラピストは，常に，パートナーたちの言葉や表情，仕草が持つであろう意味／機能に注意を向ける。カップルにとっての“いつもの”やりとりが，実は，修正する機会がなかっただけで互いに誤解に満ちたやりとりである場合もある。あるいは，パートナーは自身が示す反応の背景にある本音や一次的な感情について認識できていないこともある(Johnson, 2019)。Thは，必要に応じて，その反応の背景にある意味がなんであるのかを，時に推測や解釈を交えて当人に確認しつつ，パートナーたちと共にその意味を探索していく。

⑵ **背景を理解し，承認する**：パートナー間で価値観やものごとの感じ方に違いがあることは当然であるが，相手との関係がうまくいかないとき，パートナーたちは相手との違いの原因を相手側の性格の問題や悪意として捉える傾向にある。Thはそういった違いの背景には，それぞれが妥当であるような歴史的，状況な背景があったであろうことを探り，それぞれの感じ方の違いを価値判断なく承認していく（Johnson, 2019)。それにより，パートナーたちはお互いへの理解を深め，より思いやりを持って互いの違いを認められるようになっていく。なお，IBCTでは共感的ジョイニングと呼ばれる。

⑶ **カップルの希望を尊重する**：それぞれのカップルがどのような関係性を築くべきかは，Thが決めるべきものではない。それぞれのカップルにそれぞれの文化や価値観，バランスがある。暴力や不貞行為などの一部の例外を除き，Thはそれぞれのパートナーの希望を聴き取りそれらを擦り合わせたうえで，二人が目指す目標に向かって支援をおこなっていく。また，その目標に向かうための方法論についても，カップルの希望を尊重し，二人にとってより受け入れられやすく望ましいとされる方法を適宜選択するようにする。

⑷ **カップルにおける協働的な語り直しの場を提供する**：カップルセラピーとは新たな物語を紡ぎ出すための場でもある。Thは，時にリフレーミングや二人の対話のエナクトメントを促すことで二人をリードしながら（Johnson, 2019)，時にじっくりと耳を傾けフォローして，カップルがより豊かで建設的な二人の物語を紡ぎ出せるよう促していく。

⑸ **カップルのリアクションに応答する**：とりわけ日本文化において，人はホンネを抑えタテマエで反応を示す傾向にある。Thは，各パートナーが言語的に示すことに対してはもちろんのこと，非言語的な反応に対しても敏感に応答する必要がある。特に，Thからの働きかけやパー

トナーからの発言があった直後には，カップルがどのように反応するかを常にモニターし，瞬間瞬間での各パートナーの反応の仕方に合わせ，セッションで扱うテーマや進め方のテンポを調整し続ける。

このようにカップルとThとの三者間でおこなう協働的なCFのプロセスは，この作業自体でセラピー的であると言える。

5　2セッションのみのCCTのエビデンスと今後の展望

2セッションのみのCCTの効果に関しては，現在，18組のカップルを対象にしたランダム化比較試験が実施されたところである。CCTを受けたカップルにおいては，プレ時点で38％(3/8組)，1か月後時点で57％(4/7組)，3か月時点では43％(3/7組）に有意な改善が認められた(Mitamura et al., 2023)。これは国内最初のカップルセラピーについての効果検証であると考えられる。研究の質や2セッションのみのCCTの効果自体についてもまだ改善の余地はあるものの，CCTは，わが国でのこれからのカップル支援を推進する上でのひとつの足場となるだろう(三田村(編)，印刷中)。

引用文献

Christensen, A., Doss, B. D., & Atkins, D. C.　2005　A science of couple therapy : For what should we seek empirical support? In Pinsof, W. M. & Lebow, J. L. (Eds.), *Family psychology : The art of the science* (pp. 43-63). Oxford University Press : New York.

Christensen, A., Doss, B. D., & Jacobson, N. S.　2020　*Integrative behavioral couple therapy : A therapist's guide to creating acceptance and change, Second Edition.* W. W. Norton & Company : NY.

Cordova, J. V.　2014　*The marriage checkup practitioner's guide : Promoting lifelong relationship health.* American Psychological Association : Washington, DC, US.

Jacobson, N. S.　1977　Problem solving and contingency contracting in the treatment of marital discord. *Journal of Consulting and Clinical Psychology,* 45(1), 92-100.

Johnson, S. M.　2019　*The practice of emotionally focused couple therapy :*

Creating connection (3rd ed.) : Routledge : New York.
Jacobson, N. S., & Margolin, G. 1979 *Marital therapy : Strategies based on social learning and behavior exchange principles* (1st ed.). Brunner/Mazel : NY.
三田村 仰 2017 はじめてまなぶ行動療法．金剛出版．
三田村 仰 2019 行動療法のケースフォーミュレーション―文脈的アプローチからの私案．精神療法，増刊第6号，27-34．
三田村 仰 2021-2023 連載：カップルセラピーは夫婦を危機から救えるか(1-10)．こころの科学．218-227巻．
三田村 仰(編) 印刷中 臨床心理学第23巻第6号 特集：カップルセラピーをはじめる―もしカップルがあなたのもとを訪れたら？ 金剛出版．
Mitamura, T., Tani, C., Harada, A., Shinsha, J., & Liu, C. 2023 *Videoconferencing two-session contextual couple therapy in Japan : A feasibility randomised controlled trial.* 10th World Congress of Cognitive and Behavioral Therapies (WCCBT).
野末武義 2006 Intersystem Modelの活用―カップル（夫婦）の問題への統合的アプローチ．日本家族心理学会(編) 家族心理学年報24 夫婦・カップル関係―「新しい家族のかたち」を考える．金子書房．
Skinner, B. F. 1957 *Verbal behavior.* Appleton-Center-Crofts : New York.
若島孔文・長谷川啓三 2000 よくわかる！ 短期療法ガイドブック．金剛出版．
Watzlawick, P., Weakland, J., & Fisch, R. 1974 *Change : Principles of problem formation and problem resolution.* W. W. Norton : New York［長谷川啓三(訳) 1992 変化の原理―問題の形成と解決．りぶらりあ選書／法政大学出版局］．

家族支援における
セルフケアツールの可能性

高木　源

はじめに

厚生労働省（2017）は，59.5％の就労者が職業生活で強いストレスを感じることを報告し，就労者の精神的健康を保持・増進する方法としてセルフケアの重要性を指摘した。セルフケアとは，自身の健康を高めるための知識・方法を身に付け，実践することであり，健康を保持・増進するための予防的なアプローチとして重視されている。本稿では，特に，精神的健康を対象とするセルフケアを中心として，セルフケアを支援するツール（以下，セルフケアツールと記す）の利点を述べ，家族支援において活用可能なセルフケアツールを開発する重要性を指摘する。加えて，解決志向短期療法に基づくセルフケアツールについて紹介し，子育て支援におけるセルフケアツールを提案する。

1　セルフケアツールの利点

近年，コンピュータによって実施可能なセルフケアツールが開発され，効果を示している（Cuijpers & Schuurmans, 2007）。セルフケアツールという形式による心理的な支援の提供は，時間と場所の制約を取り除くことが可能であり（Marks et al., 2007），費用対効果にも優れ，経済的な効果も大きい（McCrone et al., 2004）。その他に，高度な訓練を受けたセラピストを必要としない（Hoek et al., 2009），治療を待つ人を減らし，面接室を訪れるための時間を抑え，患者は自分のペースで取り組むことができる（Marks et al., 2007）などの特徴がある。カイペルス（Cuijpers, 1997）は，専門家に援助を求めることを困難にする要因として，個人的な偏見，十分な能力を持つ治療者の不足，面接を受けるために長い時間待つ必要があること，費用が掛かることを指摘しているが，セルフケアツールはこのような困難さを低減することができる。

2　家族とセルフケア

セルフケアツールは個人のみならず，家族支援においても活用が期待される。そこで，ここからは，家族におけるセルフケアに関する研究を紹介する。まず，岩井ら（2017）は，専門看護師による家族のセルフケアを強化する看護支援についてインタビュー調査を行った。その結果，専門看護師は，家族の全体性を捉えながら家族のセルフケアを見極め，家族の発達的な視点を持ち，家族の主体性を活かしながら，家族が本来持っている力を発揮できるように働きかけていることで，家族のセルフケアの強化を行っていることが示された。これを踏まえて，岩井ら（2017）は，専門看護師が，家族の中の個人を入口として，家族員個々の健康状態やセルフケアレベルを把握したり，個々のセルフケアを強化する働きかけを行っていると指摘している。

宮林・古瀬（2014）は，がん終末期療養者を看取った家族介護者を対象として，インタビュー調査を行い，彼らが，「介護を優先した生活を送る」，「家族みんなで介護を展開する」，「支援者が行う介護方法を取り入れる」，「看取りへのこころの準備」といったセルフケアを行うことを示した。また，看取りに対する信念は在宅看護を行う上での基盤となり，家族全員で目標が一致した場合に，家族によるセルフケアの行動が促進されることを示した。さらに，金子（2011）では，高齢者の看護経験者を対象としてインタビュー調査を行い，高齢者のセルフケアを促進する要因として，心身両面から高齢者の生活を支える家族と身近な人の支援があり，これらが高齢者の「責任と誇り」，「社会への参加」と関連し，高齢者のセルフケアを維持すると指摘した。さらに，宮田ら（1996）は，家族がセルフケアを十分にできている場合には，家族は健康を保ち，円滑な生活を継続に営める一方で，問題に直面し，セルフケアを十分に行えない時には，家族の生活は乱れ，家族としての機能の遂行が困難になることを指摘した。このように，家族のセルフケア能力を高めることは，様々な背景を持つ家族が円滑な生活を継続するために重要だと言える。

3　家族支援におけるセルフケアの促進

ほとんどの母親は，母親としての役割を果たすために，セルフケアが必要なものであり，自身の健康と幸福のために有益だと認識している（Raynor et al., 2016）。一方で，時間的制約，経済的・社会的な支援の限界，手助けを受け入れる難しさによって，セルフケアが困難になっていると感じている（Barkin & Wisner, 2013；Mendias et al., 2011）。このような困難さがある中でもセルフケア能力を高めるために，家族のセルフケアを促進する方法を提案することが重要だと言える。

家族のセルフケアを促進する数少ない研究としてフルハーフら（Fruhauf et al., 2020）の研究が挙げられる。フルハーフら（Fruhauf et al., 2020）は，祖父，祖母，孫によって構成される父母不在の家族を支援するために，GRANDcaresという支援プログラムを開発した。このプログラムは強みに注目するアプローチであり，祖父母と孫に対してセルフケアを促進するために心理教育が提供される。このような，心理教育によるセルフケアの促進は，個人のセルフケア能力を内的に帰属し，その能力を教育によって高めることで，外的なサポートなしにセルフケア行動を促進できる点に利点がある。一方で，心理教育による個人のセルフケア能力の向上は，教育内容の理解度にばらつきが生じることが想定され，時間経過と共に教育効果が減少することが想定される。

セルフケアツールは，個人のセルフケア能力を外的な資源によって支えることが可能であり，どのような時でも誰に対しても一定の効果が期待される。さらに，セルフケアツールは時間と場所の制約を取り除き（Marks et al., 2007），セルフケアを妨げる要因となる時間的制約，経済的・社会的支援の限界を克服することが可能である。以上より，家族のセルフケアを促進するためには，家族支援において活用可能なセルフケアツールを開発することが重要だと言える。

4　家族支援におけるセルフケアツールの開発

家族支援におけるセルフケアを促進するためには，多様な問題に対して効果的なセルフケアツールが必要となる。そのようなセルフケアツールの一つとして，解決志向短期療法（Solution Focused Brief Therapy：以下 SFBT）に基づくセルフケアツールが挙げられる。

SFBT は問題の原因ではなく，解決の構築に焦点を当てる心理療法である。解決の構築においては，明確な目標の設定と例外への着目によって，問題として認識されている状況の改善を図る。ここで言う明確な目標とは，1. クライエントにとって重要で，2. 小さくて現実的で，3. 具体的で，行動的で，測定できる，4.「～しなくなる」ではなく「～するようになる」などの条件を満たす目標である（参考として de Shazer, 1980；De Jong & Berg, 2013；黒沢，2012）。また，例外とは，クライエントの生活の中で，問題が起きて当然ながらも起こらなかった状況や問題が深刻ではない状況を指す（De Jong & Berg, 2013）。少し広い意味では，クライエントや家族にとって好ましく，これからも起き続けてほしいことも例外だと言える（白木，1991）。

これまで，いくつかの SFBT に基づくセルフケアツールが開発され，効果を示している。例えば，グラント（Grant, 2012）は，目標の明確化を促すミラクル・クエスチョンを中心とするセルフケアツールを開発し，問題焦点型のツールと比較して，問題の深刻さが改善し，自己効力感が高まることを示した。また，高木・若島（2019）は，ミラクル・クエスチョンと例外探しの質問から構成されるセルフケアツールを開発し，問題の深刻さが改善し，自己効力感および解決構築が高まることを示した。さらに，タイムマシン・クエスチョンを中心とするセルフケアツールは，ポジティブ感情を高め，ネガティブ感情を減少させ，限られた時間を大切にしようとする姿勢を高めることが示された（川原・佐々木，2019；Takagi et al., 2022）。さらに，SFBT に基づくセルフケアツールに自然言語処理の技術を応用したツールの開発も行われており，高木（Takagi, 2023）は，設定された目標が具体的・現実的である確率を自然言語処理の技術によって機械的に評価し，その評価をフィードバックするツールは，フィードバックしないツールと比較して，問題の深刻さが改善する程度が大きいことを確認した。このように，SFBT に基づくセルフケアツールは，問題の深刻さを改善し，自己効力感やポジティブ感情を高める点で効果を示しており，家族支援においても効果を発揮することが期待されるが，家族支援に特化したセルフケアツールは未だ開発されていない。

5　子育て支援を目的としたSFBT に基づくセルフケアツールの開発

ハリスとフランクリン（Harris & Flanklin, 2009）は，SFBT の考え方を取り入れた子育て支援の方法（Taking Charge 法：以下，TC 法と略記）を提案している。TC 法は，学校教育を受ける10代で妊娠した母親の子育てを支援するプログラムとして提案されたが，その枠組みは効果的な子育て支援の方法として活用できるものだと言える。TC 法では母親が子育てのスキルを身に付け，自信を高められるように，教育，人間関係，子育て，キャリアの 4 領域について，目標設定，資源・強みの探索，解決策の実行をサポートする（Harris & Flanklin, 2009）。

より多くの親を対象とする場合には，既に教育段階を終えていることが想定されるため，教育領域は除く必要がある。また，バーキンとウイスナー（Barkin & Wisner, 2013）による，母親へのインタビュー調査からは，母親のセルフケアとして，自分のために時間を取る，エクササイズをする，楽しい活動に参加する，乳児の世話の仕事を定期的に委ねる，自身の身体的・感情的なケアをすることが示されている。この結果から，特に子育てをする親が利用できるセルフケアツールを開発する際には，周囲の助けを借りながら，子育てと自分の時間のバランスを取り，運動や趣味などの自分の時間を確保することが重要であり，領域の中に「自分の時間」を追加する必要があると考えられる。以上より，TC 法を参考として，子育て，人間関係，キャリア，自分の時間の 4 領域を扱う SFBT に基づくセルフケアツールを開発することで，親のセルフケアの促進という観点から，家族を効果的に支援することが可能になると考えられる。

以上を踏まえて，子育て支援を目的としたセルフケアツールとして，①現在の子育てにおける悩み，②悩みの深刻さ，③ 4 領域を対象とするミラクル・クエスチョン，④ 4 領域の目標設定，⑤ 4 領域の例外探しの質問，⑥ 4 領域の解決策といった構成が挙げられる。例えば，4 領域を対象とするミラクル・クエスチョンの一例としては，「もしも奇跡が起きて，現在の悩みが全くなくなったら，どんな一日を過ごすでしょうか。今の生活と何が変わるでしょうか。子育て，人間関係，キャリア，自分の時間の 4 つの観点から，どんな違いが生じるか思いつくことを教えてください」といった尋ね方が挙げられる。同様に，目標設定，例外探しの質問，解決策についても 4 つの観点から回答を求めることが可能だろう。このようにして，各領域について SFBT の質問技法を用いることで，子育てにおいて親のセルフケアを支援することが可能となる。

ここまで見てきた通り，家族支援においては，家族のセルフケアを支援することが重要であるが，家族を対象としたセルフケアツールは未だ開発されていない。子育て，人間関係，キャリア，自分の時間という 4 つの領域を対象とする SFBT に基づくセルフケアツールは，特に子育て支援において効果を発揮することが期待される。今後，子育て支援を目的とする SFBT に基づくセルフケアツールの実証的な研究が求められる。

参考文献

Barkin, J. L. & Wisner, K. L. 2013 The role of maternal self-care in new motherhood. *Midwifery*, 29(9), 1050-1055.

Cuijpers, P. 1997 Bibliotherapy in unipolar depression : A meta-analysis. *Journal of Behavior Therapy & Experimental Psychiatry*, 28(2), 139-147.

Cuijpers, P. & Schuurmans, J. 2007 Self-help interventions for anxiety disorders : An overview. *Current Psychiatry Reports*, 9(4), 284-290.

De Jong, P. & Berg, I. K. 2013 Interviewing for solutions (4th ed.). Brooks Cole : CA. ［桐田弘江・住谷裕子・玉真慎子(訳) 2016 解決のための面接技法〔第4版〕―ソリューションフォーカストアプローチの手引き．金剛出版.］

de Shazer, S. 1980 *Putting difference to work*. Norton : NY.

Fruhauf, C. A., Yancura, L. A., Greenwood-Junkermeier, H., et al. 2020 The importance of family-focused and strengths-based approaches to interventions for grandfamilies. *Journal of Family Theory & Review*, 12(4), 478-491.

Grant, A. 2012 Making positive change : A randomized study comparing solution-focused vs. problem-focused coaching questions. *Journal of Systemic Therapies*, 31(2), 21-35.

Harris, M. B. & Franklin, C. 2009 Helping adolescent mothers to achieve in school : An evaluation of the taking charge group intervention. *Children & Schools*, 31(1), 27-34.

Hoek, W., Schuurmans, J., Koot, M. H., et al. 2009 Prevention of depression and anxiety in adolescents : A randomized controlled trial testing the efficacy and mechanisms of internet-based self-help problem-solving therapy. *Trials*, 10 : 93, 1-13.

岩井弓香理・野嶋佐由美・星川理恵ほか 2017 専門看護師による家族セルフケアを強化する看護支援．高知女子大学看護学会誌，42(2)，31-40．

金子史代 2011 看護師が認識する療養している高齢者のセルフケアとセルフケアに関連する要因．日本看護研究学会雑誌，34(1)，181-189．

川原正広・佐々木 誠 2019 タイムマシン・クエスチョンを用いた介入における心的イメージの効果―感情の変化と心的イメージの個人差に着目した検討．ブリーフサイコセラピー研究，27(2)，50-61．

厚生労働省 2017 平成28年「労働安全衛生調査（実態調査）」の概況. http://www.mhlw.go.jp/toukei/list/dl/h28-46-50_gaikyo.pdf（2018年3月16日閲覧）

黒沢幸子 2012 1時間で理解するブリーフセラピーの基礎・基本．黒沢幸子(編) ワークシートでブリーフセラピー―学校ですぐ使える解決志向＆

外在化の発想と技法（pp. 8-23）．ほんの森出版．
Marks, I. M., Cavanagh, K., & Gega, L. 2007 *Hands-on help : Computer-aided psychotherapy*. Psychology Press : London.
McCrone, P. Knapp, M., Proudfoot, J. et al. 2004 Cost-effectiveness of computerized cognitive-behavioural therapy for anxiety and depression in primary care : Randomized controlled trial. *British Journal of Psychiatry*, 185, 55-62.
Mendias, E. P., Clark, M. C., Guevara, E. B., et al. 2011 Low-income euro-american mothers' perceptions of health and self-care practices. *Public Health Nursing*, 28(3), 233-242.
宮林香奈子・古瀬みどり 2014 がん終末期療養者を自宅で看取った家族介護者のセルフケアに関する研究．家族看護学研究，19(2)，150-160．
宮田留理・中野綾美・畦地博子ほか 1996 「家族のセルフケアに関する質問紙」の開発．高知女子大学紀要 自然科学編，44，109-119．
Raynor, P. & Pope, C. 2016 The role of self-care for parents in recovery from substance use disorders : An integrative review of parental self-care. *Journal of Addictions Nursing*, 27(3), 180-189.
白木孝二 1991 構成主義短期療法―その原理と技法．長谷川啓三（編） 現代のエスプリ287（pp. 177-184）．至文堂．
Takagi, G. 2023 The effect of mechanical feedback on outcome in self-care support tool based on solution-focused brief therapy, *Psychotherapy Research*, 1-13.
Takagi, G., Hiraizumi, T., Sakamoto, K., et al. 2021 Impact of self and therapists' evaluation of responses to miracle question and goal : Survey of Japanese undergraduate and graduate students. *Journal of Solution Focused Practices*, 5(2), 11-28.
高木 源・若島孔文 2019 ミラクル・クエスチョンと例外探しの質問に基づくワークシートの効果の検討．心理臨床学研究，37(4)，393-399．

III

日本家族心理学会第39回年次大会「愛情をめぐる家族の諸相」より

家族支援者としてコロナ禍の家族を考察する

家族の多様化時代における“支援資源としての家族”

小林 智

はじめに

平木（2019）は，現代家族の形態が必ずしも婚姻・血縁・同居によって特徴づけられるものではなくなってきていると論じている。「法的な婚姻関係や血縁関係も無く，同居もしていないが，それでも私と誰某は家族である」という言明は現代的な家族観の１つとして受け入れられているということだろう。この論考において，家族とは「構成員の欲求と事情を満たすことができさえすれば成立する」とされており，人と人との集まりという全体集合においてある種の臍帯によって結びついた特定の部分集合を家族と定義するのではなく，家族を形成する当事者の欲求と事情の数だけ家族の成立基盤を論じることができるような対象であると理解されている。こうした家族の捉え方の変化は，画一的家族観によって論じられてきた「近代的家族：the family」から，マイノリティまでを包摂し多様化した「ポスト近代家族：families」への転換として，これまでにも構築主義的なパースペクティブから論じられてきた（参考として，木戸，2000）。

1　家族形態の多様化と家族機能

家族の姿が多様化し，家族という言葉や単位が指し示すものを画一的に定義することが困難になれば，必然的に最大公約数的で画一的な「家族に共通する機能」を定義することも困難になる。しかも家族はそれ単体で存立するのではなくよりマクロな社会システムの中に存立しているので，その掛け合わせによる組み合わせを想定しようとすれば，それはもはや無数と言えるほどの膨大さである。

こうした社会との掛け合わせの観点から家族機能の変化を予測し論じた古典的な理論が，オグバーン（Ogburn & Nimkoff, 1955）による家族機能縮小論である。オグバーンは現代社会の構造が多様化していることに着目し，特に産業構造の多様化によって家族がその成員に対して担っていた機能は外部化され，それに伴って家族の機能は喪失・縮小されていくと論じた。現代社会には外食産業・娯楽産業・家事代行サービス・託児サービスなど，様々な産業やサービスが存在していて，我々はそれらの機能を旧来家族が担ってきたかどうかということはあまり深く考えずに，それらのサービスを利用している。家族外のサービスを活用して達成できる機能は，必ずしも家族が担う必要はないと暗黙の裡に考えていて，代替・外部化可能なものとして扱っているということだ。食事を作らずにレストランへ食事に行ったって良し，養育者が子の宿題を見ずに学校や学習塾などに学習を任せるのだって選択肢の一つである。生活の糧を得る手段は家業に限られることはなく会社に雇用されてその対価を得る事も一般的に行われていて，江戸時代の庶民のように余暇活動を村落や家族の中で完結させずに県外のテーマパークへ車で出掛けて行ったところで何を咎められる謂われもない。過去の社会と比べると，いま我々が暮らしている社会では実際にこのような置き換わりが起こっていて，今後マクロな社会の多様化が進めば進むほど，家族の在り方が多様になればなるほど，家族が家族として担わなければならない機能は減っていくと考えられる。

2　新型感染症流行下における家族

我々は家族機能縮小論が指摘するような家族と社会の相互関係を受け入れ，家族との物理的・心理的な距離と各々にとって丁度良いバランスになることを願いながら，日々の生活をデザインしている。しかし，そうした生活を一変させる事態が生じ，先に論じた家族の機能にも社会の変化の余波が押し寄せた。そのきっかけとなったのがコロナウイルス感染症の感染拡大禍である。

日本家族心理学会第39回大会の「愛情をめぐる家族の諸相」という大会テーマと大会プログラムの構想には，この度の新型感染症の登場とそれにより家族が被った影響が大いに関係している。本稿では日本の家族を巡る状況と新型感染症の登場，変化に曝された家族を見ながら家族支援者として抱いた危惧について論じ，大会構想の経緯と開催の意義について，回顧しつつ足跡として記録したい。

聖域としての家族

「ソーシャルディスタンス」「三密回避」などの標語に象徴されるように，感染対策の名目で人と人との接近を避けることが推奨された。会食自粛を呼びかける注意喚起文の多くには「同居家族以外との」という但し書きが並び，2020年９月25日の新型コロナウイルス感染症対策分科会で示された感染リスクを高めやすい「７つの場面」や2020年10月23日に同分科会により示された「５つの場面」のいずれにおいても，同居家族に関する記載は認められない。更新後の「５つの場面」には「狭い空間での共同生活」という記載が認められるが，「寮の部屋やトイレ」など寮という状況の限定をしたり，各場面を例示するイラストに共同生活を営む同年代の若者の集まる様子を使用したり，そこには様々な事情や意図がありつつも，同居家族間に存在するリスクを明文化し，メッセージとして発信することについては，他の対人間接触と比較して慎重に取り扱われていることが見て取れる。

出典：内閣官房新型コロナウイルス等感染症対策推進室ホームページ
（https://corona.go.jp/proposal）

図1　5つの場面

社会資源機能不全下の家族

同居家族同士の交流がある種の聖域視を受けるなかで，家族は家族で大きな影響を被っていた。その一つが社会資源の機能不全である。例えば，乳幼児を養護する保護者の社会経済活動はその養護と教育を担う保育所等の社会資源によって支えられている。最も広く報じられた影響としては，子どもを保育所に預けられず，親が仕事に行くことができなくなるという事態だ。働きに出る家族に代わって養護が必要な子どもを預かる機能は，このコロナ禍において様々な領域に広まった「リモート（遠隔）」では代替不可能な機能でもある。

仮に保育所や幼稚園，学校などが休園・休校などにより機能不全に陥ると，子どもの養護機能を代替してくれる機能が果たされず，結果としてその機能を家族が果たす必要が生じてくる。これは何も保育所等に限った話ではなく，その他の養護教育機能を担う各種教育施設であれ，介護施設であれ，飲食店であれ，娯楽施設であれ，社会資源に外部化していた機能を従前通りに発揮するためには，その引き受け先が必要である。

筆者は以下の主張に一切与しないが，従前社会の中で果たされてきた諸機能やそれを果たしている産業やサービスのうち，特にフィジカルな接触を必須とする一部のものについて不要不急と断じたり，それら不要不急の活動や産業と社会の中で必要不可欠と思われる活動や産業・サービスを峻別する意味で，一部の産業やサービスをエッセンシャルワークと呼称したりする向きもあった。この「エッセンシャル」の外と内を画定するにあたって，その分節化がどのような前提のもとになされたのかは十分に議論がなされた上でのことであっただろうか。少なくとも，本稿冒頭部で論じたような意味での家族の多様性を保証するために必須の（エッセンシャルな）機能が制限を受けていた事実はあるし，家族支援者を含めて十分に議論が尽くされた痕跡もない。

3　支援資源としての家族

福祉供給において国家・市場・家族の３項がどのような比重を占めるかによって，福祉レジームの制度構造を類型化する考えを福祉レジーム論と呼ぶ（Esping-Andersen, 1999）。この福祉レジーム論において，新川（2005）は４種類の類型を提案し，日本は脱商品化と脱家族化の程度が共に低いと分析した。つまり，日本で生活する者は労働市場から離脱することで生活が困窮しやすく，家族の担う福祉的責任の大きいということを意味しており，こうした福祉レジームを家族主義レジームと呼んでいる。

家族の担う福祉的責任の大きい日本において，先に示したような社会資源の機能不全が生じると何が起こるだろうか。例示した保育所の休園措置に関して言えば，保護者の社会経済活動に及ぼす影響に鑑みて，2022年７月以降は利用児に感染者が出ても濃厚接触者の特定を行わない方針を打ち出す自治体が出始めたものの，休園などの際には一旦外部化された養護教育機能を再び家族が引き取る他無かった。特に日本という国においては社会として，国として国民の福祉をどのように支えるかと

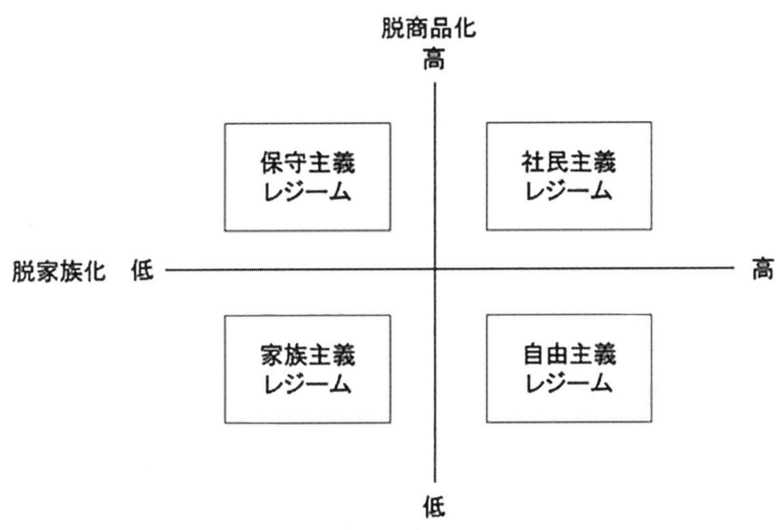

図2　福祉レジームの類型（新川，2005）

いう重大な問題が立ち上がる時に，家族などのミクロな共同体やそこに暮らす個々人がその皺寄せを引き受けざるを得ないことを当たり前に受け入れてしまう下地があったのだと考えられる。

コロナ禍の家族を通じてもたらされる支援者への問い

本稿の『はじめに』および『1　家族形態の多様化と家族機能』で論じたように，家族の機能を「果たすべきもの」として積み増せば増すほど，家族という集団の要件は厳密に定義され，ある画一的な姿（the family）へと収斂していくだろう。だとすれば，社会資源が家族から引き受けることのできる機能を制限することは，家族の多様性を損なわせ個々の事情に応じた生活をデザインする余地を狭めることにほかならない。またそれは，換言すれば特定の事情，様式，関係性の中で生活を営む人たちの自由や幸福追求を損なわせることにもなるだろう。

家族以外との物理的交流が制限される社会において，親密な関係に基づいた家族を既に形成している人たちと，これから築こうとしている人たちとの間に構造的な不平等は無いだろうか。否も応もないと，社会資源が代替可能な機能を家族に担わせることが当然視されていないだろうか。特にコロナ禍という特殊な状況においては，疫学や公衆衛生上の目標指標との間に葛藤が生じ議論の余地があることを重々承知の上で記すが，いくら特殊な状況下であったとは言え，様々な社会活動や社会資源の機能を制限しその影響を家族が被ることについては議論の余地を残す問題であることと，多様な背景を有する多様な構成員が存在する社会において，誰かの権利や自由とトレードオフとなっていることについては，家族心理学徒として家族支援者として自覚すべき論点であると考える。

おわりに

筆者は日本家族心理学会第39回大会の準備委員として，コロナ禍の家族が被った影響を本邦の福祉レジームを踏まえて考察した時に，どのような知見が求められるかという観点から大会企画を企画した。

第39回大会では家族を支援するための様々な専門知を多くの専門家の先生方からご紹介頂き，その内数名の先生方は本書にも御寄稿頂いている。本稿の考察が今後の議論のきっかけとなれば望外の喜びである。

文　献

Esping-Andersen, G.　1999　*Social foundations of postindustrial economies,* Oxford University Press : Oxford.

平木典子　2019　家族の多様性をめぐって―家族の多様性が意味すること 家族心理学年報37　保健医療分野に生かす個と家族を支える心理臨床，金子書房．

木戸　功　2000　家族社会学における「多様性」問題と構築主義，家族社会学研究，12(1)，43-54．

Ogburn, W. F. & Nimkoff, M. F.　1955　*Technology and the changing family.* Houghton Mifflin.

新川敏光　2005　日本型福祉レジームの発展と変容．ミネルヴァ書房．

大会特別講演報告

進化論的・文化的視座から見た父親

遠藤利彦・小林　智・本間恵美子

はじめに

第39回大会のテーマとなるキーワードが家族愛である。近年，養育の主たる担い手としての父親への社会的関心が高まっている。ヒトの乳児は圧倒的に未熟で，絶対的他者依存性を有しており，他の霊長類と比較しても乳児期・幼児期が長いことで知られている。ヒトの養育負担は長きに亘り，そして重い。母親単体での子育ては困難を極める。

こうした事情や時代的要請を背景に，父親の子の養育への参画については様々な政策展開も進みつつある。議論は「父親は何故子の養育へのコミットが必要か」を問われるフェーズを超えて，「父親は子の養育にどのようにコミットするか」というプラグマティックな検討のフェーズへと進んだと言えるだろう。そうした父親の養育へのコミットに関する議論の高まりを脇目に見ながらも従来的な父親像に目を向けてみると，父親が家族の中で発揮してきた父権や父性といったものは今やすっかり歓迎されないものになり，パターナリズム（父権主義）の名のもとに好ましくない関わりの一例と捉えられている。

こうした状況に鑑み，本大会では「父子の愛情を問い直す」ため，東京大学大学院教育学研究科の遠藤利彦先生にご講演を頂いた。本稿ではこの大会特別講演についてご報告したい。なお，紙幅の都合上講演内容の全てを報告することはできない為，大会準備委員である第２筆者と第３筆者がはじめにとおわりにを書いた上で講演内容を要約しまとめたものであることを付記する。

社会と科学の狭間—父子関係を除くスコープ

この講演では，父子関係を進化的視座及び文化的視座から試論する。

父親を進化論的に論ずるとは，ヒトもまた己の遺伝子の維持・拡散に駆られる一生物種という視座から父親を考究するということである。生物進化心理学においては，適応性の指標として「適応度」や「包括的適応度」がよく用いられる。つまりは，自分自身が直接残す子どもの数や，あるいは自分自身が子どもを持たなくても自分の血縁者への援助を通じて，結果的に自分自身の遺伝子のコピーを作り出した数などが指標になるということである。こうした視座から父親を論ずる時，そこで明らかになったことを「ヒトという生物種の本来の性質」とみなし，「現在の社会においてもその通りの振る舞いをして然るべきだ」という考え方はあってはならないだろうと考える。それは自然主義的誤謬と呼ばれるもので，進化的観点から見た父親論においては，こうした誤謬に嵌まらぬような慎重さが求められる。

一方で，道徳主義的誤謬によって科学的知見そのものに対する眼差しを歪めてしまうことも慎まなければならない。これは，先ほどの自然主義的誤謬とは逆の，つまり現状の私たちの社会の在り方を疑うことなく是とする考えから出発して，日常感覚で常識とされているということに基づいてヒトの性質に関する科学的な知見を，歪めて考えてしまうような誤謬を指す。

ヒトという種の養育投資

ヒトの進化の歴史において，母親だけが専ら養育に携われば，子の生存・成長・繁殖が可能だったかというと，その見方は明らかに否定されるべきである。哺乳類では，母親による子に対する養育が標準であると言われており，95％の種でオスの繁殖における投資は受精のみである。ヒトは，哺乳類では数少ないオスが養育を担う種であるが，養育への投資に関わる機序は父親と母親とではかなり異なる。

父親の養育投資は，それがあったとしても，食糧調達，シェルター確保，安全管理といった間接的で最小限のものに留まる場合が少なくはない。一方で女性が妊娠した場合，出産に至るまでは胎児の発達に対して，そして出産後は基本的に授乳という形で乳児の発達に対して，絶えず自らの栄養やエネルギー，そして時間等を配分する必要があるのが母親の養育である。

先述のように，母親以外の者による養育参加・協力は必須不可欠である。しかしながらヒトの歴史上，常に父親がその主たる担い手だった訳ではなく，父親以外のヘルパーの存在がより大きな貢献を果たしている（いた）社会もかなり多く存在する。ヒトの刻んできた歴史は血縁者の協力のみならず，血縁関係に限定されない集団共同型子育て，allomothering や alloparenting と呼ばれる養育形態が遍く在る世界であったと換言できる。

ヒトの集団共同型子育て

霊長類の中でも，マーモセットと呼ばれる猿の子どもは相対的に大きい状態で，さらに基本的には双子で生まれてくるという特徴がある。このように養育負担が高い種は人間以外にも認められるが，そうした種でも父親という存在がその養育に重要な役割を果たす傾向にある。ただ養育の協力者が人類の歴史の中であらゆる文化圏において父親が中心的役割を果たしてきたかと問われれば否である。人間の場合は祖母，特に母方の祖母が果たしてきた役割というのが非常に大きいのではないかと考えられている（グランドマザー仮説）。

実は哺乳類のメスにおいて閉経という仕組みを有しているのは人間とシャチとゴンドウクジラの3種類だけだと言われており，閉経を経ることでその個体は原理的な意味で子どもを産むことができなくなる。換言すれば，閉経後長く生きても自分で子どもを産んで遺伝子を残していくことはできない。このようなことが生じる理由について生物学の中で議論されてきた。先述の包括的適応度の観点から見れば，この個体は養育のヘルパーとして子育ての手伝いをすることにより，自分の子どもが，よりたくさんの孫を産んでくれるかもしれないということになる。さらには，孫の健やかな成長はひ孫の誕生に繋がるかもしれない。結果的にはその女性の遺伝子の維持拡散が達成されるのである。

また，祖母以外での血縁者では年長の兄弟姉妹が重要なヘルパーサポーターの役割を果たしてきたと考えられており，自給自足文化圏において子どもの生存率という指標から評価した場合においては，母親に次いで肯定的な貢献度が高いのは年長の兄弟姉妹であった。一方で父親の肯定的な貢献は年長の兄弟姉妹の半分程度であり，父親の子育てへの貢献は「条件的：facultative」であると言われている。

本邦における状況

先ほどから繰り返すように人の子どもの養育においてヘルパーやサポーターが必要であること自体は，ヒトという生物に普遍的なことと言える。特に核家族的な状況では，共同養育者としての父親の役割が非常に重要になるが，周知の通り日本は先進国の中では父親が子どもと関わる時間が短いと言われている。日本における母子関係中心主義とも言えるような状況は，実はそんなに昔から存在しているものではなくて戦後の高度経済成長期に急速に拡がったことが指摘されている。

現在の感覚からすると実感に反するかもしれないが，歴史を紐解くと大正とか昭和の初期ぐらいまでは共同集団協働型子育てと言えるような養育形態の中に，父親が関与していた様子が見られていたことが指摘されている。例えば，ルイス・フロイスは室町時代末期に父親による育児が欧州よりも一般的に見られることを驚いていたり，イザベラ・バードは朝から子どもを抱いてあやしている父親というのを目にすることが非常に多かったことを明治期の日本について指摘していたりすることが記録に残っている。

もっとも，現在父親の育児家事参加への意識はワークライフバランスの考え方の浸透とともに徐々に変わりつつあると見ることはできるのかもしれない。しかし，現実的な貢献が実現されていないことも一方では指摘されているのが現状である。

マターナル・ゲートキーピング

家族という共同体の中で父親が再び養育参加へのコミットメントを高めていくために何を考える必要があるだろうか。父親の子育てに対する意識がひと頃よりも高まってきたという前提を措いた上で，現実的な貢献を実現するために家族はどう振る舞う必要があるだろうか。

こうした論点について指摘されていることの一つに，マターナル・ゲートキーピングというものがある。これは言ってみれば，母親側の「手伝ってくれようとする気持ちは嬉しいけど，かえって邪魔だよね」という意識やそれによって生じる行動のことを指す（図)。このマターナル・ゲートキーピングに関して実際データをとってみると，そもそもの夫婦関係とも関係していて，夫婦関係が良いとこのゲートキーピングは生じにくく，子育てに参加しようとする門戸が最初から閉じられることはレアケースであることが分かっている。さらには，妊娠期に子育てについて話し合われていることや母親が精神的に健康であることがマターナル・ゲートキーピングの弱さと関連することや，ゲートキーピングされていると父親が思っていると子育て肯定感や精神的な健康が損なわれることが知られている。

そうした重要な知見が得られつつある中で，こうした状況をどうすれば変えていけるかという点については，妻の妊娠期から夫が子育てに向けた準備をするということが非常に重要だと言われている。夫婦の間でしっかりと子育てに関して話し合いをもって，お互いの役割について意見を交わし，家事や育児について現実的な準備をする。そうした心と実

gate-keeping「門番」

gate-keeping ⇔ gate-opening

図　ゲートキーピングの例（大久保，2021）

生活上の準備をしておくことで結果的にマターナル・ゲートキーピングが生じる可能性を減らし，父親の貢献を達成することに繋がると指摘されている。

職場環境と仕事を取り巻く意識に関する課題

制度面に目を向ければ，日本でもワークライフバランスの促進や男性の育児休業取得への取り組みが進みつつあるとは言える。さらにはコロナ禍の状況において在宅勤務などが増えたことによって，父親の仕事や家庭に対する考え方にも変化が生じてきていることも，様々な調査の中で指摘されている。

制度と家庭人としての個人の意識は変わってきている一方で，特に職場社会とでも言うべきところの意識改革が進んでいないこともあり，家事育児と仕事との間の葛藤は解消したとは言い難いのが現状である。これは例えば，会社の側が従業員の育児休業取得に対して非常に後ろ向きであったりする事態に端的に表れている。こうした状況についてよく指摘されることとしては，育児に理解を持つイクボスの育成や職場風土の改善が求められている。こうしたことが改善され育児と仕事の間のバランスがうまく取れてきたときに，結果的には男性のウェルビーイングが非常に良好になることも知られている。

調査の結果から，女性にとっては子育てと仕事を両立しやすい状況が生じてきていると感じられているようだが，一方で男性の側においては調査の結果を見る限りにおいては両立しやすいという状況は発生していないことが示されている。仕事を優先しなければいけない状況の中で，子どもと関わることが非常に難しくなっている事態があることが見て取れる。

東京大学大学院教育学研究科附属の発達保育実践政策学センターと慶応義塾大学の島津明人先生との共同研究の中で得られた知見として，子育てと仕事の両立という観点から職場環境が良好であるときには，家庭だけでなく仕事についても前向きな気持ちになることができ，そして子育ての肯定感も得られやすくなってくることが分かっている。そういう意味では職場環境や職場の意識の改善が非常に大切なのだろうと考える。

おわりに

遠藤利彦先生からは多様な観点から父子関係についてご講演を頂いたが，その全てをご紹介する事は叶わないので本稿は特にその中でも父親の養育参加に関する論点を中心に構成した。ご容赦をお願い申し上げる。

父親の養育参加は父親の意識レベルだけで解決する課題というよりも，その背景にある社会的な状況や夫婦間の相互作用によって生じているものも含めて理解するべき課題であり，円環的因果律による相互作用の視点を有した家族療法が非常に有効な課題であるように感じられた。

ヒトの養育負担は長きに亘り，そして重い。この事実に対して集団共同型子育てを以って臨んできた人間の子育てに思いを巡らせてみる。父子の愛を達成するためには，血縁にない夫婦や義両親までを含んだ広い意味での家族への愛が必要なのではないだろうかと考える。行き過ぎた家族主義や共同体主義に陥らぬようにする必要はあるが。

本大会のテーマである家族愛について考察が深まったことに対し，遠藤先生には改めて深謝申し上げる。

引用文献

大久保圭介　2021　夫婦関係と育児への参加─ゲートキーピングに焦点を当てて　ベネッセ教育総合研究所　教育フォーカス　特集28　乳幼児期の社会情動的発達を支える子育てとは？─夫婦ペアデータからみたチーム育児の葛藤と協働　乳幼児の生活と発達に関する縦断研究より
https://berd.benesse.jp/feature/focus/28babysympo2020/activity01/page_3.html（2023年4月1日閲覧）

若手臨床家・研究者の困りごとの共有と解決策の検討

先達からのアドバイスを参考として

小林大介・高木　源・小林千緩
八重樫大周・萩臺美紀

はじめに

日本家族心理学会では，2021年度に新たに次世代を担う会員の会を発足した。2021年度に実施された日本家族心理学会第38回大会では，この次世代を担う会員の会を発足するにあたって，若手を中心とした会の重要性や，学会の中で担うべき役割，会を実際に運用するために具体的にどのような取り組みを行う必要があるかが議論された。これらの議論をまとめた高木ら（2022）では，次世代を担う会員の会の役割として，1）実践においても研究においても，若手が相互に交流し，時に研鑽をつみ，時に困りごとを共有できるような場となること，2）横の交流のみならず，経験が豊富な実践家や研究者から助言を得たり，キャリアの相談ができるような横と縦の関係を創出する場となること，3）若手が感じる課題と解決策を集約し，必要に応じて学会に提案を行うこと，の大きく3点が挙げられている。そして，これらの役割を遂行するための具体的な活動として，横と縦の交流会を開催すること，実践，研究，研修の研鑽の機会として事例検討会や勉強会などを企画することが必要であることが述べられている。

さて，このような発足の背景を踏まえて，2022年度次世代を担う会員の会では，交流会の実施や，文献の紹介等の活動を通した交流を行ってきた。そして，その活動の中で会員の中に経験の不足や工夫の仕方が分からないがゆえに生じる「若手の困りごと」があることが見えてきた。また，この「若手の困りごと」について，先輩・同僚の少なさや，業務の特殊性の面などから，他の誰かに相談・共有する機会が非常に少ないことも明らかとなった。そこで，本年度は次世代を担う会員の会の学会企画のテーマを「若手臨床家・研究者の困りごとの共有と解決策の検討—先達からのアドバイスを参考として—」と設定し，臨床分野ではみやぎ県南中核病院の高橋恵子先生，研究分野では岐阜大学の板倉憲政先生をお招きしてシンポジウムを実施した。

企画趣旨（高木　源）

ここからは，「若手臨床家・研究者の困りごとの共有と解決策の検討—先達からのアドバイスを参考として」と題して実施されたシンポジウムの企画趣旨を述べる。2021年度の日本家族心理学会第38回大会では，日本家族心理学会における若手を中心とする会の必要性について検討を行い，若手を中心とする会の役割として，主に若手間および世代間の交流の促進をしたり，学会に対する若手の視点からアイデアを提案したりすることが挙げられた。ここでの検討を踏まえて，2022年度の日本家族心理学会第39回大会では，若手の臨床家・研究者からの話題提供を通じて，若手の困りごとを共有した。また，若手の困りごとに対して，臨床・研究分野で活躍されている指定討論の先生方からアドバイスをいただいた。本シンポジウムを通じて，臨床や研究の活動において多くの悩みを持つ若手が困りごとを共有し，今後のヒントを得る機会となった。このように，日本家族心理学会において，「次世代を担う会員の会」が中心となって，若手間の横の交流や世代間の縦の交流を促進することは，若手の臨床家・研究者に重要な機会を提供するものだと言える。以降では，若手の臨床家・研究者からの話題提供について具体的に紹介する。

1　臨床分野における若手の困りごと

職員向けメンタルヘルス相談室での葛藤（小林千緩）

病院で働く心理職として6年が経ち，気付けば様々な役割を担うようになってきた。カウンセリングや心理検査の担当，デイケアでメンバーさんたちと一緒に過ごす自分，院内外での研修講師。役割は増えても今の自分では実力が見合わないと感じる場面は多いが，その差を埋めるには研鑽を続けるしか道はない。このように，求められる技術と実力の差に葛藤を感じることは日常的にあるが，それとはまた異なる理由で葛藤を感じている役割がある。それは〈職員のメンタルヘルス支援〉に関する役割である。

私が働く職場では，職員向けのメンタルヘルス相談室を開設し，心理職が相談を担当している。形は違えども，多職種の中で働く心理職には似たような役割を求められることが多いのではないだろうか。私がこの役割に葛藤を感じている理由としては，来談者と聴き手との関係性が多重関係であることが挙げられる。来談者を適切な相談窓口に繋ぐ手助けは相談室の役割の一つであり，職員の精神的健康の一助となれるのは喜ばしいことだが，一方で例えばハラスメントに関する相談など，内容によっては聴き手である心理職自身の働き方や職場の対人関係に影響が出てしまうこともある。多重関係を避けるため職員相談業務を外部に委託することが理想的だろうが，それが難しい場合，心理職が自身のことも守りながら職員支援を続けるにはどうしたらよいのか。今回のシンポジウムの中でそのヒントを見つけていきたい。

臨床の畑をずんずん進んでいくために（八重樫大周）

私は総合病院で働き始めて，各診療科に関わりながら心理師としての仕事を行っている。6年目というまだまだ臨床経験が浅い中ではあるが，発達や脳機能，移植，ペイン，精神などかなりバラエティに富んだテーマで患者と関わっている。

じっくりと関われるケースばかりではなく，病状説明の場に呼ばれて初めての方の病気の進行についての話を聞くことや，今後の治療をどうするかの意思決定の支援など，単発での介入を行うことも多い。また，バラエティに富んでいるからこそ，各分野で知識やその領域にあった心理職のスタイルを身につける必要がある。このような中で働いていると，日常業務の忙しさから「なんとなくやれている感」が出てくるが，医療者と患者・家族の間に立つ際や，医療チームの一員として立ち回る際には自身の動きが全体の利益になっているのか，貢献できているのかに疑問を抱くことがある。

自分の自信のなさを抱えながらも，現状では付け焼き刃の知識を用いて，その場その場を乗り切るような対応をして後悔することもある。自身の勉強不足・経験不足はあれど，目下の悩みの視点は大きく２つ。１つは患者家族と医療者の両方に関わる際の対応である。もう１つは自身の専門性をより磨いていく勉強の仕方についてである。どちらについても，家族心理を学んだ身としての専門性を示して心理師をするために，システム論的な視点を持ち，いろいろな研修会で視点を広げ，少しずつ着実に臨床領域を突っ切っていきたい。

2　研究分野における若手の困りごと

研究との付き合い方と工夫（萩臺美紀）

2021年度大会での次世代を担う会のシンポジウムを通して，研究のモチベーションを維持・向上させていくためには，漠然と研究をしなければならないと考えるのではなく，学生指導のために自分の研究スキルを磨くなど，研究にどのような意味を見出すのかを考えることや，研究を行う中で自分が感動した・楽しいと思う瞬間を再認識することが必要だと学ぶことができた。一方で，研究を継続的に実施するためにどのような意味づけや考えで研究に取り組むのか，また日常の仕事と研究のバランスをどのようにとるかについてはまだ模索中である。

自分自身を振り返ると，これまでは博士論文の取得を１つの目標として，研究に取り組んできたため，博士論文取得後の目標が曖昧となっていた。そのために，研究することの意味を見失い，行動することができなかったと感じる。研究の過程では科学研究費が獲得できない，査読論文が通らないなど落ち込むことが多いと思うが，研究に対する意味や目標が明確であれば乗り越えられるのではないかと考えた。また，日々の業務と研究のバランスについては，目の前の仕事を優先してしまい，どうしても研究がおろそかになりがちである。そのような中で少しでも研究を進めることができたと感じたのは研究者間で交流を行ったときや，チームで研究を進めていくときである。研究について話し合うと研究の面白さを実感することができるため，動機づけを高めることができるのではないかと考えた。

本シンポジウムでは，どのように研究と向き合っているか，難しさや工夫についてご意見をいただき，自分の研究生活に活かしていきたい。

大学教員としての働き方で生じる悩み（小林大介）

現在，大学教員として勤務を始めて２年目になる。仕事には徐々に慣れてきたものの，どこかうまく回っていない感覚を常に抱えながらこの２年間を過ごしてきた。もちろん自分の力不足もあるが，大学の業務を進めるにあたっての経験や工夫が不足していることを痛感することが多い。

現在，主に行っている業務は，授業の準備と実施，研究，学生の研究・臨床の指導，研修講師，学内の委員会活動，臨床心理センターでの相談業務である。業務の量が多いようにも見えるが，各業務の負担については，周囲の先生方の配慮もあり，そこまで大きくはない。しかし，卒業論文の作成シーズンであったり，研修が複数重なる月になると，途端に全体的な業務のバランスが崩れてしまい，仕事がうまく回らなくなる。具体的には，学生指導や研修資料の作成に業務内容が偏ることによって，普段から行う業務である授業資料の作成が追い付かなくなったり，研究に手が出せなくなったり，相談業務の振り返りにじっくり時間をかけられなくなる，という具合である。

また，もう一つの困りごととして学生への臨床の指導がある。自分の中で指導の方針が確立できておらず，どこか中途半端な指導となってしまっている印象がある。特に家族療法や短期療法以外の心理療法を学ぶことを希望する学生に対して，家族療法や短期療法を理論的基盤とする教員からどのようなことが伝えられるかという点については長らく模索している。

本シンポジウムでは，先輩方の大学の業務に向ける姿勢や工夫を学び，現在の自分の働き方を改善していく機会にしていきたい。

3　シンポジウムの総括と今後の次世代を担う会員の会の展開

今回先生方に紹介していただいた内容がすべての若手実践家と若手研究者に共通するとは限らない。しかし，今回シンポジウムの中で取り上げられた「若手の困りごと」はなかなか表に出てこないような内容も多く，非常に示唆に富んでいる。シンポジウムの発表から若手の先生方の多くが現場で求められる技術と現在の実力の差に葛藤を感じていることが明らかとなった。また，それだけではなく，各現場で特有の困りごとが存在していることが示唆された。

例えば小林先生の発表では多重関係のような，できれば避けたいような状況がある中でも業務をせざるを得ないことの難しさが報告され，八重樫先生の発表では，患者家族と医療者の間に入る際の難しさや，自身の専門性について学ぶ機会を探すことの難しさが報告されている。これらの報告を見ると，病院という現場の中でも場所によって心理職としての多様な働き方があること，そして，先生方がその働き方について日々葛藤し，工夫や勉強，模索を重ねながら業務に取り組んでいる様子が見てとれる。

また，場所によっては，業務を遂行するための新たな仕組みや構造を自らの手で作っていかなければならないという困難が伴う場合もあることが伝わってくる。

大学で勤務する先生方のお話からは，日々の多様な業務と研究を両立させるためのバランスの難しさや，研究に対するモチベーションの維持が困りごととして挙げられた。新たに着任した大学の教員にとっては授業の資料作成や大学における委員会活動等の業務に適応することが求められる。また，大学によっては実習の担当や学生の指導も加わってくるだろう。萩臺先生も指摘しているが，このような早急にこなすべき業務に追われると，博士課程時代までテンポよく行えてきた研究に手がつかなくなってしまう状況も生じてくると考えられる。

また，臨床と研究の２つの領域に共通する若手の困りごとの背景として，身近に困りごとについて相談ができるような存在や，キャリアのモデルとなるような存在があまりいないことも挙げられるのではないだろうか。今回シンポジウムに参加した先生方からは，一緒に働く心理職の少なさや，同様の理論的基盤を持つ心理職の不在のような状況が報告された。このような点からも，今回のシンポジウムの企画の中で近接領域かつ似通った臨床の理論的基盤を持つ先輩の先生方にこれまでの経験を語っていただいたり，具体的なアドバイスをいただけたことは私たち若手にとって非常に重要な体験となった。

ここまで，シンポジウムで発表された若手臨床家と若手研究者が感じる困りごとについてまとめてきた。個人的な感想になってしまうが，今回のシンポジウムで先生方から取り挙げられた困りごとは，自分が学生の頃には想定できなかったような内容が多く含まれているように感じる。同様に現在，心理職を志している学生も大学や大学院の講義の中では，このような困りごとについてはイメージしづらいのではないだろうか。冒頭でも紹介したように，次世代を担う会員の会には，縦と横の関係を創出する場となることが役割として求められている。これまでは，経験が豊富な先達から学ぶことを一つの縦と横の関係と考えていたが，若手の臨床家・研究者だからこそ，さらに若手の学生たちに伝えられることもあるのではないだろうかとも考えた。今後も引き続き，次世代を担う会員の会が日本家族心理学会の中で担える役割を検討しながら運営を進めていきたい。

参考文献

高木　源・小林千緩・八重樫大周ほか　2022　日本家族心理学会における若手を中心とする会の重要性と役割の検討―次世代を担う会員の会として活動していくために．日本家族心理学会(編)　家族心理学年報40　産業分野に生かす個と家族を支える心理臨床．金子書房．

Psychological Support for Children And Families

Japanese Association of Family Psychology Annual Progress of Family Psychology Volume 41, 2023

Contents

Part II : The Forefront of Family Clinical Psychology Research and Practice

Part III : The 39th Annual Conference of the Japanese Family Psychological Associasion "Aspects of Family Love"

■人名・事項索引■

● た 行

● な 行

● は 行

● ま 行

● や 行

● ら 行

● わ 行

● 欧 字

■執筆者一覧（執筆順）

宇都宮　博（うつのみや・ひろし）　立命館大学
野村　武司（のむら・たけし）　東京経済大学
福丸　由佳（ふくまる・ゆか）　白梅学園大学
福島　里美（ふくしま・さとみ）　跡見学園女子大学
大塚　　斉（おおつか・ひとし）　埼玉県立大学
尾方　　綾（おがた・あや）　神奈川県立こども医療センター
小野寺敦子（おのでら・あつこ）　目白大学
中地　展生（なかじ・のぶお）　帝塚山大学
渡邉　照美（わたなべ・てるみ）　佛教大学
坂本　一真（さかもと・かずま）　宮城県総合教育センター
鴨志田冴子（かもしだ・さえこ）　山形大学保健管理センター
三田村　仰（みたむら・たかし）　立命館大学／カップルらぼ
高木　　源（たかぎ・げん）　東北福祉大学
小林　　智（こばやし・たく）　新潟青陵大学大学院
遠藤　利彦（えんどう・としひこ）　東京大学大学院
本間恵美子（ほんま・えみこ）　新潟青陵大学大学院
小林　大介（こばやし・だいすけ）　新潟青陵大学大学院
小林　千緩（こばやし・ちひろ）　藤代健生病院
八重樫大周（やえがし・たいしゅう）　岩手県立中央病院
萩臺　美紀（はぎだい・みき）　柴田学園大学

子どもと家族への心理的支援

日本家族心理学会編

家族心理学年報 41

2023年9月30日　初版第一刷発行

発行者　金子紀子／発行所　株式会社　金子書房

郵便番号 112-0012 東京都文京区大塚3丁目3番7号

電話 03（3941）0111-3　振替　00180-9-103376

URL　https://www.kanekoshobo.co.jp

〈検印省略〉

印刷　藤原印刷株式会社／製本　有限会社井上製本所

ISBN 978-4-7608-2451-9　C3311